日本で一番「早く」
「簡単に」「エンドレスで」

業績を上げる人事制度

（株）ENTOENTO《エントエント》
松本順市
Matsumoto Junichi

鳥影社

はじめに

「業績を向上させるためには、このままではダメだ」と現状を否定して、何か新しいことに取り組まなければならないと考えていないでしょうか？

しかし、新しいことに取り組む度に、組織が疲弊することが多く、思ったほど業績が向上しなかったことはないでしょうか？

業績を上げるのはそう難しいことではありません。全社員を優秀な社員へと成長させるだけです。それだけで業績は1・5倍以上になります。

では、どうすれば全社員を優秀な社員へと成長させることができるのか。それは「人事制度をつくって運用すること」だと申し上げたら、驚かれるかもしれません。

人事制度の目的は「社員の評価を決めて、賃金を決めるため」が一般的です。経営者は常にこの社員の評価について悩み、賃金（昇給・賞与）を決めるときも毎回悩んで決めています。そのため、きっとどこかに正しい答えがあるだろうと思い、その答えを追い求めてきたでしょう。

実は、経営者がこれまで実施してきた評価や、賃金の決め方は間違っていません。もし間違っていたら、貴社は今日まで存続していないでしょう。この経営者の評価や賃金の決め方を仕組みにしていないために、悩み続けているのです。

さらに、このことが仕組みになっていないと、社員は会社からどのような評価をされていて、なぜこの賃金なのか分からないため、結果として優秀な社員へと成長することを諦めてしまうのです。

多くの経営者は社員にこのようなことを言っているのではないでしょうか。

「社員が成長したらたくさん昇給・賞与を出す！」

この言葉は経営者の本心でしょう。

ただ、このことを信じている社員はどれぐらいいるかご存知でしょうか。経営者の言うことを誰も信じないというのは言い過ぎかもしれませんが、残念ながら、ほとんどの社員は信じていないと知っていただかなければなりません。

やるべきことはたった一つです。経営者は今まで何を評価してきたのか、そしてその評価に合わせて賃金をどう決めてきたのか。それを社員に可視化して公開するだけです。

評価と賃金の決め方を明確にするだけで、全社員同じように優秀な社員へと成長していきます。

我が社には優秀な社員がいます。しかし、なぜその社員が優秀なのかは誰も分かりません。高い成果を上げていることは事実ですが、そのために何をやっているのか。そして、それをやるためにどのような知識技術が必要なのか。さらには、どのような考え方で仕事をしていたのか。社員はそれらを知る術がないのが現状です。

そのため、上司も部下に対して指導する内容はバラバラです。このままでは全社員を優秀な社員にすることはできません。

もしここで優秀な社員をモデルにした「成長シート」という評価シートをつくって、すべての社員に示したらどうでしょうか。評価シートをもらって喜ぶ社員は一人もいないと思いますが、すべての社員を優秀にするための「成長シート」ならば、受け取った社員は全員喜び、そして全員優秀な社員に向かって成長していくでしょう。

社員たちに「皆さんはこの会社で優秀になりたいですか？」と質問していただければ分かります。間違いなく全員が「はい！」と答えます。つまり、全員優秀な社員になりたいと思っているのです。

「事業は人なり」と言います。今いる社員が全員優秀になれば、会社の業績は飛躍的に向上します。これから皆さんにご紹介する人事制度は、すべての社員を優秀にするための人事制度であることを、ここでお伝えしておきます。

そしてこの人事制度により、経営者の評価が可視化された段階で、初めて評価と賃金を連動させることができます。このとき、その決まった評価や賃金に対して不平不満があれば、社員は会社に申し立てをしていいことを伝えます。

社員の不平不満の中には、この会社がさらに成長するためのヒントがあります。そのヒントを取り入れることで、人事制度はまた新しい内容に生まれ変わっていくでしょう。

人事制度は皆さんの会社の社員を優秀にするため、そして業績を向上するために活用します。なぜそうなのか、これから具体的な事例でご説明していきましょう。そしてすべての社員を優秀にしてください。

これからの日本では、中小企業であっても社員の賃金を年間3%程度向上させることができなければ、社員の定着も採用もできなくなります。しかし、正しい人事制度があれば社員の定着と採用をすることは難しくありません。これから先のためにも、この人事制度を導入していただきたいと思います。既に1373社（2023年8月時点）が導入して成果を上げています。

さあ、「自分の評価の決め方は間違っていなかった」「賃金の決め方は間違っていなかった」ことを実感しながら、新しい業績向上への挑戦の旅を始めてください。

入社時は一般階層の1等級でも、そこから2等級3等級と目指すことができます。階層だけではなく、小さな成長の階段を設けることによって、社員はその階段を登りながら会社から成長の確認をしてもらえ、モチベーションを維持できます。

成長支援会議

社員の評価を全上司が集まって決める会議です。成長支援会議で決定した評価は、全上司で決めた組織的な評価のため、上司による甘辛評価の問題は解消します。部下は組織的な評価のフィードバックに納得し、上司は組織的な評価を基に、統一した部下指導をすることができます。

成長シート®

職種別・階層別に優秀な社員をモデルにして、評価項目を可視化したシートのことです。一般的には「評価シート」といいますが、どの会社でも活用できる評価シートは存在しません。なぜなら、経営者が違えば社員を褒めることも叱ることも大いに違うからです。もちろん、同じ業界でも評価する内容は同じではありません。自社に存在している優秀な社員をモデルに成長シートをつくることによって、この会社での成長のゴールをすべての社員に明らかにすることができます。

ライン職・スタッフ職

本書では、営業職・生産職・工事職・物流職などをライン職、総務職・経理職・事務職などをスタッフ職として説明しています。

成長点数

成長シートで評価したときの点数が成長点数です。成長シートは優秀な社員をモデルにするため、優秀な社員は、この作成した成長シートで成長点数80点以上を獲得することができるでしょう。社員は入社した段階では、20点からスタートします。この20点からスタートして、仮に80点以上を取れたら優秀であり、中堅階層にステップアッ

用語説明

評価

社員の評価は何のためにするかと問われれば、昇給・賞与を決めるためと答える経営者が多いでしょう。しかし、社員を評価する最大の目的は、上司に部下指導を的確に行わせるためです。組織的な評価が決まらなければ部下指導は有効になりません。部下に何を指導すればいいのか上司が分からないからです。評価を通じて部下の成長度合いを知ることで、的確な部下指導ができます。このことを理解していれば、昇給・賞与を決めるときにだけ評価を行うのではなく、定期的に、年4回は評価をして部下にフィードバックすることが必要であるとお分かりになるでしょう。

成長階層

日本の経営者は欧米と違い、一般階層で優秀な社員は次の中堅階層にステップアップさせることを、社員が入社した時点から考えています。さらに、中堅階層で優秀な社員を、次は管理階層にステップアップさせます。この3階層が成長階層です。この成長階層があることを採用面接の段階で説明していないとすれば、これは大きな問題です。最近は役職に就きたがらない社員がいるという驚くような相談がありますが、入社前の段階で「当社には成長階層があり、この階層に沿ってステップアップしていくことがあなたの成長である」と説明し、成長する気のない人は採用しないことが重要です。

成長等級®

日本では、成長することで一般階層・中堅階層・管理階層とステップアップしていきます。このステップアップに必要な年数は､会社によって異なります。仮に一般階層を卒業するには標準的に10年かかるとすれば、社員は10年かけて一般階層から中堅階層にステップアップする成長計画を立てるようになります。しかし、10年はあまりにも長すぎるので、例えば各階層をそれぞれ3つの成長等級に分けることで、中堅・管理階層という３つの成長階層があり、その階層ごとに求められることを①「３成長階層の成長シート」を用いて説明します。そして、その階層をステップアップするための条件を、②「ステップアップ基準」を用いて説明します。仮に成長点数で80点取れたら次の階層に行けるとわかれば、社員はまず一般階層で80点を取ることを一つの目標とするでしょう。このステップアップ基準を明確にすることが必要です。そして、最後が③「モデル賃金」です。モデル賃金はこの会社で45年間かけて自分の賃金がどう増えていくのか、その金額を具体的に示すことができます。もちろん、それは社員の成長だけではなく、会社の業績が良いことを前提とした金額です。会社の業績と自分の成長の両方が良かった時に賃金がいくら増えるのか、自分で設計することができます。自分で設計できることで、社員はこの会社で賃金について不安を持つことなく、安心して仕事をすることができます。中小企業は採用面接の段階で、この採用三種の神器を説明することがとても重要な時代になりました。

チャレンジシート

成長シートを使って社員の成長を促していきます。ただし、新しい事業に取り組むときには成長シートをそのまま使うことはできません。なぜなら、新しい事業での優秀な社員像が定まっていないからです。そのため、成長シートではなく「チャレンジシート」と名前を変えて運用します。構造は成長シートと同じですが、期待成果の成長基準５点には、この新規事業の目標値を設定します。新規事業で目指す目標を掲げることによって、その目標を達成するために必要な重要業務、知識技術を考えるのです。勤務態度に関してはすべての事業で共通しているため、既存事業と同じ勤務態度を記載することになります。そしてこのチャレンジシートは社員の成長確認のために活用しますが、チャレンジシートの成長点数では賃金を決めないことを社員に約束します。新規事業に取り組む前の成長シートより成長点数が低くても、賃金に反映しないと約束することで多くの社員は失敗を恐れることなく、この新しいチャレンジシートで楽しみながら挑戦します。チャレンジシートによって、自社のこれからの成長が約束されるでしょう。

プするのであれば、80 点から 20 点引いた 60 点が伸び代、成長すべき点数となります。この点数が明らかになることで、仮に優秀になるために 10 年かかるのであれば、1 年間で 6 点（= 60 点 /10 年）成長すれば優秀な社員となります。すべての社員は日々成長していますが、その小さな成長を認める具体的な数字がありません。成長点数があれば、20 点から 1 年かけて 26 点に成長したとき「あなたは成長した」と社員を褒めてあげることができます。それによって社員は、自信を持って翌年も 6 点成長することを目指すようになるでしょう。この成長点数は、社員の小さな成長を認めるために活用していきます。

部下の伸びた成長点数®

上司は「部下の成果の大きさ」で評価されることが一般的です。そのため、上司はどうしても優秀な部下を欲しがります。優秀な部下がいれば上司は評価されるからです。これでは、部下指導が評価されることはありません。本来の上司の仕事は部下に勤務態度を守らせ、知識技術を身に付けさせ、そして重要業務が遂行できるように指導することです。この部下へのプロセス指導を評価することで、上司の部下指導の力がどの程度ついているか分かります。そのため、部下の成長点数を前回と比較し、その伸びた点数を上司の成長シートの期待成果とします。この「部下の伸びた成長点数」が上司の部下指導の成果を明らかにしていますので、組織の中で一番部下指導が上手な上司は誰か分かるようになります。その部下指導のやり方を、社内で共有化することで全上司が統一した部下指導ができるようになります。

採用三種の神器®

採用後、この会社では何を評価し、どのように賃金に反映するのか、その情報が全くありません。特に大学生は会社を選ぶときに大手企業であるかどうか、または福利厚生などが充実しているかどうか、賃金はいくらになるか考えるのが一般的です。そのため、これらの条件では不利な中小企業は、新卒を採用するために「採用三種の神器」を活用して、自社が良い会社であることを説明する必要があります。一般・

日本で一番「早く」「簡単に」「エンドレスで」業績を上げる人事制度　目次

第一部　継続して業績を上げる仕組み

第1章　業績を向上させる仕組み

1、事例

多くの会社が、毎月の業績を基に業績評価会議を行っています。その会議の中で業績の良し悪し、そしてさらに業績を上げるための検討をしているでしょう。

業務用消耗品を販売しているT社には営業所が16か所あり、会議に集まった営業所長を前に営業部長が先月の業績発表を行っています。この営業部長は限られた時間の中で、まず業績の良い新宿営業所長を褒めました。「新宿営業所は先月もとても良い業績で素晴らしい！ よく頑張りました。ありがとう。全営業所が新宿営業所のような業績だったら私も安心です」

その一方で、業績が低い上野営業所の所長に対しては「上野営業所の業績の悪さにはがっかりしました。上野営業所長、立ってください。あなたは先月の所長会議で、次は必ず高い成果を上げると宣言したことを覚えていますか。その宣言に全く反するような低迷したこの業績、恥ずかしいと思いませんか！」と、とても厳しい口調で問い詰めました。
「どうしたらこんな業績になるのか理由を言ってもらいたい」と重ねて詰め寄ると、上野営業所長が「今月は台風が多かったので……」と小さな声で答えました。それを聞いた営業部長は「どうして上野営業所にだけ台風が来たのだ。他の営業所には台風が来ていないというのか！」と会議室に響きわたるような大きな声で叱りました。

この会議は実りのない内容だと思います。上野営業所長は新宿営業所長と同じように高い成果を上げたいと思っていたのは間違いありません。しかし、思い通りに成果を上げることができなかったのは、成果を上げるやり方をしていなかった。たったそれだけのことです。

大事なことは、営業部長が営業部長本来の仕事をすることです。新宿営業所が高い成果を上げているとすれば、その成果を上げるためにやっていることがあります。その内容をいち早く把握し、上野営業所に共有化することをしなければなりません。ただ叱るのが営業部長の仕事ではなく、上野営業所の業績を上げることが営業部長の仕事です。

この所長会議の後に、経営者はこの営業部長に尋ねました。

「営業部長、ではどうすれば上野営業所は業績を上げることができるんでしょうか。新宿営業所が高い業績を上げているのには理由があるでしょう。何をして、どんなことをして業績を上げたのか、それを上野営業所長に伝えればいいと思いますが、営業部長はお分かりになりますか？」

このように尋ねると、営業部長は答えました。

「やっぱりやる気ですよ。本気でやる気を出せば、業績を上げることが可能です」

これではいつになっても、すべての営業所の成績を上げることはできないでしょう。


成果が上がっていないことを叱るのではなく、成果を上げているやり方を可視化して共有化する。このマネジメントを行うことが大事です。

2、改善ポイント

多くの場合、成果の上がっていない社員に対して、精神論をふりかざして成果を上げさせようとします。それは成果が上がっていないのはやる気の問題だと考えているからです。

確かに、成果を上げている営業所は成果を上げようとする意欲が高いといえます。先ほどの新宿営業所長も、高い成果を上げている理由を聞かれて「本気で頑張りました」と答えていました。しかしそれにより、上野営業所長は本気で頑張っていないというレッテルを貼られてしまったのです。

上野営業所長も本気で頑張っていたことは紛れもない事実です。しかし、成果を上げるためのやり方が分からなかった。たったそれだけのことです。もし、上野営業所長が新宿営業所のやっていることが分かったら、同じように高い成果を上げることができるのです。

このことを知らなければ、いつになっても成果の低い社員を叱って成果を上げようとします。そのようなマネジメントは何年、何十年続けても成果の低い社員の成果を上げることはできません。ましてや、成果が低いからやる気がないと判断して叱咤激励することは、その社員のモチベーションをさらに下げることになるでしょう。これでは決して組織全体の成果を上げることはできません。

成果の高い社員が褒められて、成果の低い社員が叱られる。この相対評価こそが組織

全体の業績を低迷させる最大の元凶といえるでしょう。

組織には組織原則2：6：2があります。それは5年前にもあり、今も存在していま す。そして5年後、10年後もこの組織原則は存在し続けます。なぜならこの2：6：2 は社員の優秀さを相対評価で表した割合だからです。

成果を上げている優秀な社員が2割、まあまあの成果の社員が6割、これからだとい う成果の社員が2割存在しています。会社の中で高い成果を上げている優秀な社員がい ると、どうしても成果の上がっていない社員が目につきます。そして、この成果の上 がっていない社員の成果が上がれば、もっと我が社の業績は良くなる。当然このような 発想になります。

つまり、この下の2割を何とかしようと考えますが、ここで気をつける必要があるの は、この下の2割の社員はやる気はあっても、成果を上げるために何をしたらよいのか 分かっていないことです。成果の上がらない仕事を一生懸命やっているという状況です。

下の2割の社員に「あなたは成果を上げたいですか？」と聞けば、間違いなく100 パーセント「はい」と答えるでしょう。つまり、意欲があってもやることが分からなければ、成果は低いのです。その成果の上がるやり方を教えることができなければなりません。

もう一つ大事なことは、我が社には上の2割の優秀な社員が必ずいるということです。高い成果を上げている社員のやっているプロセスを明確にし、真ん中の6割、そして下の2割に伝えることができたら、全社員が上の2割の社員と同じ成果を上げることができるようになります。これはとても大切なことです。

我が社の業績を向上させる方法は、既に我が社の中にあることは事実です。ただ、高い成果を上げている社員がやっているプロセスの内容が具体的に分からないことが最大の問題であり、このことを可視化することが急務と言わざるを得ません。

3、具体的な解決方法

我が社には高い成果を上げている優秀な社員がいます。その社員がどういう社員であるか、そしてその社員がやっているプロセスを可視化しなければなりません。

この優秀な社員を表現する要素が4つあります。

1、成果が高いこと（期待成果）
2、成果を上げるためにやるべきことをやっていること（重要業務）
3、そのやるべきことに必要な知識技術を身に付けていること（知識技術）
4、勤務態度がよいこと（勤務態度）

この4つで優秀な社員を表現することができます。

我が社にいる優秀な社員をこの4つの要素で表現することができれば、すべての社員が優秀になれます。この優秀な社員を表したシートが「成長シート」です。この成長シートをつくることによって、すべての社員は同じように高い成果を上げることができるようになります。

期待成果の種類は会社によって違いますが、その期待成果を上げるためにやっている重要業務も会社によって違います。そして、その重要業務を遂行するために必要な知識技術も会社によって違いがあります。

さらには、この会社の社員として優秀になるために守らなければならない勤務態度は経営理念が異なりますので、これもまた会社によって違います。この4つが明確になれば、すべての社員は優秀になれるのです。

成長基準

ト　■

実施日　20XX年　7月　8日

成長支援者	松本　太郎　　印

成長基準				成長確認		
2	3	4	5	本人	上司	
.2点以上	1.6点以上	2.0点以上	2.4点以上			
50円以上	460円以上	570円以上	680円以上			
400円以上	3,100円以上	3,800円以上	4,500円以上			
の業務を少しやっていた	その業務を基本となるやり方で実施していた	その業務を優れたやり方で実施していた	その業務を優れたやり方で実施しており、他の写真にも教えていた			
の業務を少しやっていた	その業務を基本となるやり方で実施していた	その業務を優れたやり方で実施していた	その業務を優れたやり方で実施しており、他の写真にも教えていた			
の業務を少しやっていた	その業務を基本となるやり方で実施していた	その業務を優れたやり方で実施していた	その業務を優れたやり方で実施しており、他の写真にも教えていた			
の業務を少しやっていた	その業務を基本となるやり方で実施していた	その業務を優れたやり方で実施していた	その業務を優れたやり方で実施しており、他の写真にも教えていた			
の業務を少しやっていた	その業務を基本となるやり方で実施していた	その業務を優れたやり方で実施していた	その業務を優れたやり方で実施しており、他の写真にも教えていた			
し持っていた	基本的なものは持っていた	応用的なものも持っていた	業務を実施するために必要なものはすべて持っており、他の社員にも教えていた			
し持っていた	基本的なものは持っていた	応用的なものも持っていた	業務を実施するために必要なものはすべて持っており、他の社員にも教えていた			
し持っていた	基本的なものは持っていた	応用的なものも持っていた	業務を実施するために必要なものはすべて持っており、他の社員にも教えていた			
し持っていた	基本的なものは持っていた	応用的なものも持っていた	業務を実施するために必要なものはすべて持っており、他の社員にも教えていた			
し持っていた	基本的なものは持っていた	応用的なものも持っていた	業務を実施するために必要なものはすべて持っており、他の社員にも教えていた			
し持っていた	ほぼ守っていた	守っていた	守っており、他の社員にも教えていた			
し持っていた	ほぼ守っていた	守っていた	守っており、他の社員にも教えていた			
し持っていた	ほぼ守っていた	守っていた	守っており、他の社員にも教えていた			
し持っていた	ほぼ守っていた	守っていた	守っており、他の社員にも教えていた			

成長基準　各成長要素で、社員がどこまで成長したのかを判断するための基準

※成長点数を 100 点満点に設定する場合、成長基準は 5 段階、ウエートの合計は 20 になる

評価 (成長基準) がすべて 1 なら 20 点、5 なら 100 点になる

成長シート（事例）

成長要素　　**ウエート**

部門名　店舗運営　職種　販売　階層　一般職

対象期間　20XX年4月1日　～　20XX年6月30日

■　成　長　シ　ー

所属	鮮魚	等級	3	社員コード	10003	社員名	田中　一郎

			成長要素	定義	着眼点	ウェート	1
期待成果	1	A	お客様1人当り買上点数			0.50	1.2点未満
	2	B	販売商品1品当り平均単価			0.50	350円未満
	3	C	人時生産性			1.00	2,400円未満
			小計			2.00	
重要業務	4	A1	鮮度管理			0.50	その業務をやっていなかった
	5	A2	接客販売			0.50	その業務をやっていなかった
	6	B1	商品づくり			0.50	その業務をやっていなかった
	7	B2	価格設定			0.50	その業務をやっていなかった
	8	C1	作業改善提案			2.00	その業務をやっていなかった
			小計			4.00	
知識・技術	9	A1	商品知識（鮮度知識）			0.75	やっていなかった
	10	A2	接客トーク			0.75	やっていなかった
	11	B1	商品知識（料理知識）			0.75	やっていなかった
	12	B2	加工技術			0.75	やっていなかった
	13	C1	標準時間			3.00	やっていなかった
			小計			6.00	
勤務態度	14		積極性		困難な仕事のとき	2.00	やっていなかった
	15		責任感		最後までやり抜いたか	2.00	やっていなかった
	16		規律性		業務上の規則	2.00	やっていなかった
	17		協調性		協力していたか	2.00	やっていなかった
			小計			8.00	
			合計			20.00	

成長要素　何を評価するかを項目別（期待成果・重要業務・知識技術・勤務態度）に特定したもの

ウエート　経営者が成長要素のなかでどれを重視しているのか、その優先順位を表した数字この我が社の優秀な社員を可視化した成長シートで実際に社員を評価したとき、優秀な社員は80点以上、まあまあの社員は60点前後。これからだという社員は40点未満の点数になれば、この成長シートは完成となります。そして今、仮に30点の社員がいたとしても、勤務態度を守り、知識技術を身に付け、重要業務を遂行するようになったら、期待成果が上がって80点以上の点数になることができます。つまり、今いる優秀な社員と同じように優秀な社員になれるということです。

成長シートをつくることは我が社の財産を可視化することであり、その財産を全員で活用ができるようにするのです。それによって、社員は全員高い成果を上げることができて優秀になり、結果として会社の業績は今の1・5倍以上になることは計算上間違いありません。

コラム 1

不良社員ばかりの企業が4年後に優良企業として表彰された！

2003年以降、人事制度を構築するグループコンサルティング「成長塾」を定期的に開催しています。その成長塾に「人事制度をつくりたい」と言って、製造業で二代目のJ社長が受講されました。

「当社は、今テレビでやっている『ごくせん』や「Rookies」みたいな問題児の集まりのような会社なんです。普通の会社にしたいのです」

この自己紹介を聞いて、当時成長塾を受講されていた他の経営者は手を叩いて笑っていました。

しかし、そのJ社長は真顔で「冗談ではなく、本当にそうなんです」と続けました。

詳細を聞くと、工場の入り口には『タバコを吸いながら仕事をしないでください』『ラジオを聞きながら仕事をしないでください』『携帯電話で話をしながら仕事をしないでください』『暑いからといって裸で仕事をするのはやめてください』と、いくつも張り紙をしているそうですが、それを守る社員はほとんどいないとのことでした。

確かな技術を持った社員はいるけれど、これではまともな会社だとは思えないと考えてこの人事制度をつくることを決心したそうです。

　このＪ社長がつくった最初の成長シートは、勤務態度の割合がとても高いものになりました。そして「どんなに優れた技術を持っていたとしても、勤務態度が悪ければ高い評価にはならない」ことを社員に宣言したのです。説明会は大いに紛糾したそうですが、Ｊ社長は当時のことをこのように振り返りました。

「当社にとって優秀な社員とは、高い技術を持っていて高い成果を上げているだけではダメです。『社員として当然守るべきことを守れる社員が優秀な社員である』と成長シートに書いて説明したら、最初は反発があったものの、いつの間にか全員その優秀な社員になっていました。何を評価するか伝えることの重要さを改めて知りました。工場の入り口にあった張り紙は、もう必要なくなりました」

　この会社は、成長塾を受講した4年後には地元の商工会で優良企業と表彰されるまでになり、大きな成長を遂げました。

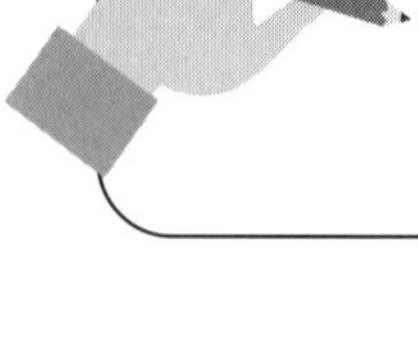

第2章　継続的に業績を向上させる仕組み

1、事例

私は食品スーパーA社で生産性向上の取り組みをしましたが、5店舗ある食品スーパーの人時《にんじ》生産性（一人が一時間で獲得した粗利益）はそれぞれ違っていました。そこで、一番生産性の高い店舗のやり方を全店で共有化することになりました。

もともと生産性を上げるコツはその会社にあります。この今まで活用していなかったコツを実際に可視化し、全店で共有化することで全体の生産性が高まりました。

そして今後も継続して生産性を上げ続けるための方法を学んでもらい、現在の生産性が上がったことを確認して、コンサルティングを終えることになりました。経営者はもちろん、部長や全店の店長にも感謝され、この食品スーパーA社は今後も継続的に生産性が上がっていくだろうと思いコンサルティングを終了しました。

ところが、それから3年ほど経った頃に、その食品スーパーA社の経営者から連絡がありました。一度上がった生産性がだんだん下がってきて、ほとんどコンサルティングを始めた頃の状態に戻ってしまったというのです。

「あのときはあんなに生産性が上がっていたのに、今は生産性に関心を持つことすらなくなってしまったように感じます。どうしてこんなことになってしまったのでしょうか？」

私はこの驚くような相談を受け、急遽その会社へ訪問してかつて現場で取り組んでもらった店長や社員に現状を尋ねました。

「当初は教えてもらった通りに、優秀なやり方を共有化して生産性が上がっていきました。当然、生産性を上げている優秀な社員は、その優秀なやり方を可視化して他の社員に教え、さらにそれ以上に生産性の高いやり方を身に付けるようになりました。社員本人はチャレンジしていることを会社も評価してくれているだろうし、昇給・賞与も増えているだろうと思っていました」

「しかし、年を追うごとに会社から評価されているとは思えなくなり、ましてや昇給・賞与もそんなに増えていないため落胆し、ばかばかしくなって結局やめてしまいました」

優秀な社員が生産性を向上させる挑戦をやめてしまえば、他の社員も同じようにやめてしまうのは当然のことといえるでしょう。

生産性向上の原動力だった優秀な社員が生産性向上の取り組みをやめてしまい、気がつけば誰もやらなくなってしまう大きな問題が発生していました。このことを経営者に問いただしました。

「なぜ優秀な社員を評価しなかったのですか、そしてその社員の昇給・賞与をなぜ増やしてあげなかったのですか？」とお尋ねすると驚くべき答えが返ってきました。

「いえ、その社員のことはとても評価しているし、昇給・賞与も他の社員より多く出しています。そんな話が現場で出ているとは信じがたい」と経営者は驚いた様子でした。

ここでの問題点は、経営者は評価も賃金（昇給・賞与）も高くしていたにもかかわらず、社員には全くそのことが見えず、分かっていなかったことです。評価や賃金を可視化すること、これがとても重要であると改めて知らされました。

2、改善ポイント

ここでの問題点は、評価や賃金の結果が全く社員には見えておらず分かっていなかったことです。

経営者は社員をしっかりと評価し、その評価に基づいて昇給・賞与を増やしている。どの会社でも例外はないでしょう。経営者は言わずとも社員は分かっているだろうと思っているかもしれませんが、残念ながら社員は自身の評価と賃金が明示されていなければ一切分かりません。

高く評価されていると社員本人にしっかりと伝えることができる、そして高い評価をされた社員はそれに見合うだけ昇給・賞与が増えていくことさえ分かれば、社員は評価と賃金について心配しなくて済みます。これができていません。やっていることはやっているのに社員にはそれが分からないことが一番の問題です。

世の中にはどの会社にも共通で使えるような評価制度も賃金制度もありません。経営者一人ひとりによって評価や賃金の決め方は違います。それでいいのです。大切なことはその決め方が社員から見えるようになっていないことです。
人事制度は社員から見えるようにする、分かるようにすることがとても重要であることをあらかじめ知っておかなければならないでしょう。

我が社は社員の何を見て評価しているかを明確にする必要があります。この評価が明確になっていないために、上の2割の優秀な社員は挑戦しても評価されないと思い、結果として会社をやめてしまうのです。

さらに、その評価結果を最低3か月に1回は社員にフィードバックしなければなりません。社員はフィードバックを受けることで、自分がどれだけ成長したのかを知り、さらなる挑戦の原動力となるのです。挑戦している社員が評価されることは、組織全体で新しい成果を生み出すための原動力にもなります。その仕組みが評価制度です。

そして、その評価に基づいて賃金を決めていることも賃金制度で明確に示さなければなりません。一般的に賃金制度はモチベーションを上げるための制度と勘違いしている経営者が多いようですが、そうではありません。ましてや社員を成果の大きさで差別するためのものではないのです。

賃金制度はモチベーションを上げるための仕組みではなく、社員の成長に合わせて賃金が増えていくことを示すためのものです。

すべての経営者は社員の成長に合わせて昇給・賞与を増やしています。それは紛れもない事実でしょう。このことを賃金制度で明確にすることによって、社員は安心してこの会社で成長することができます。

日本人の特徴として、賃金交渉をしないことが挙げられます（リクルートワークス研究所2020年「5ヵ国リレーション調査」より）。「一生懸命頑張って成果を上げているのに、賃金が少ない」と思っていても経営者に直接交渉することはありません。その納得できない気持ちが継続すると、やがて退職へとつながります。今まで賃金が納得できないからといって賃金交渉をし、交渉が決裂したからやめたという社員はいないでしょう。

ところが、厚生労働省が発表した「仕事をやめた者の退職理由（2009年）」の調査分析によると退職理由のナンバーワンは賃金です。この事実に注目しなければならないでしょう。

3、具体的な解決方法

社員の成長を継続的に高め、そして業績を継続的に向上させるためには仕組みが必要です。それが人事制度であり、具体的には評価制度や賃金制度となります。

その制度によって、成長に合わせて評価がされることを社員がはっきり確認できなければなりません。

その評価とは、高い成果を上げていること、やるべき重要業務をやっていること、知識技術を持っていること、そして勤務態度を守っていることです。この4つの要素で総合的に評価されると告知します。

社員は成長シートで自分の今の成長度合いを確認でき、さらなる成長を目指すときには何をテーマにしたらよいのかについても成長シートが示してくれます。つまり、成長シートは自己育成に必要なシートにもなります。

そして、その成長によって社員の昇給・賞与がどのように増えていくのか明確に教えなければなりません。

ほとんどの中小企業の経営者は、業績連動型で昇給・賞与を増やしています。もちろん経営者の考えによって増やし方に違いはあるでしょう。しかし、業績が良ければ昇給・賞与は増え、業績が悪ければ昇給・賞与は少なくなるのが一般的な傾向です。

つまり、昇給・賞与は会社の業績が重要であること、そして社員それぞれが成長していくことが必要であると社員に事前に教育しなければなりません。このことによって社員は自分の成長だけでなく会社の業績にも注目することになります。

日本人の特性として、成長に合わせて賃金が増えることを強調されると「自分はお金のために頑張っているのではない」という反発の感情が生まれるようです。特に若い世代はその傾向が強く、「成長するのは賃金が欲しいから」と言われているように感じ、さらなる成長を押しとどめるような結果になっていることが往々にしてあります。

そもそも、賃金については経営者が今まで決めてきた金額が最も正しく、その今まで決めてきた金額が賃金制度という仕組みで算出できるようにすることが重要です。

賃金制度によって、社員は今まで見えていなかった経営者の賃金の決め方がはっきりと分かります。全社員が成長して優秀になり、そして業績が良くなったとき、一人ひとりの社員の昇給・賞与が増えると理解することができます。

社員の評価と処遇の関係

○	評価＝処遇（昇給・賞与・昇進・昇格）
×	評価≠処遇（昇給・賞与・昇進・昇格）

ポイント

（1）組織的評価が上司から部下にフィードバックされていること

（2）評価によって処遇がどのように変わるのか1年前に分かること

「社員の成長の後から賃金がついてくる」

この説明が日本人にはとてもなじめる考え方と言えるでしょう。

決して「賃金によって社員のモチベーションを上げる」と言ってはいけないと知ってください。

第3章　お金をかけないで業績を向上させる仕組み

1、事例

小売業S社は過去に4泊5日で一騎当千の社員に育て上げるという研修に全社員を参加させました。この研修は他社から「とても良い結果が出る」と、事例を聞いて参加しました。費用は一人につき25万円です。

金額的にとても大きな負担になりますが、どんな社員でも一騎当千の社員に生まれ変わるというふれこみ文句は、経営者からすれば心躍らせるような内容だったのでしょう。社員を次から次へとその研修に参加させました。

研修から帰ってきた社員は、参加する前とは比べものにならないほど目つきも顔つきも変わり、最初の一言が研修の効果のすべてを表していました。

「私はこれから自分の仕事に人生を懸け、生まれ変わった気持ちで仕事に取り組みます！」

当然、その社員を素晴らしいと大きな拍手で迎え入れるでしょう。

すべての社員がその研修に参加し、やがては中途社員を採用した際も、この研修に参加させるようになりました。

しかし、たった一人だけこの研修に参加していない部長がいました。その部長は社長から「あなたはもともと活躍していて素晴らしい社員なので参加しなくてもいい」と言われていましたが、「私だけその研修に参加しないのは納得できない。参加させてほしい」と懇願し、渋々社長が承諾して研修に参加することになりました。

その部長が研修から帰宅したときのエピソードがあります。

部長はいわゆる亭主関白であり、家に招かれたことのある社員によると、亭主関白とはかくあるものかと思わせるような状況だったそうです。

ところが、そんな亭主関白な部長が研修から帰宅したとき、玄関まで迎えに出た奥さんに「今まで悪かった。俺はこれから生まれ変わるんだ！」と、土下座をして叫んだそうです。それを聞いた奥さんは「主人は明らかに気が狂ってしまった」と、慌てて社長に電話したそうです。「うちの主人が今帰って来ました。変です。気が狂ってしまったようです。どうしたらいいのでしょうか？」

社長は冷静にこう諭《さと》したそうです。

「大丈夫、元に戻る。安心しなさい」

この言葉に、奥さんは安心して電話を切りました。

社長はこの時点であることに気が付いていました。

この研修に参加した社員は、最初は人が変わったようになります。しかし、社員によって異なりますが、最長でも1年、早ければ3か月ぐらいで効果は弱くなっていったのです。

この事実を知ってもなお、一度始めたからにはやめられない気持ちがあったのでしょう。しかし、先ほどの研修を終えた社員の奥さんに「元に戻るから安心しなさい」と言った自身の言葉から「ハッ」とし、社長はこの研修をやめる決断をしました。


一般的に研修は社内ではなく、会社から離れた別の環境で行います。

そのため、元の環境に戻ってきてしまうと元の状態に戻ってしまうのでしょう。

社員を成長させるためには特殊な環境ではなく、職場の中で変えていかなければなら

ない、社内で教育しなければならないと冷静に理解しなければならないでしょう。

私自身も同様の研修に参加した経験がありますが、人間は変わろうと思えばいくらでも変われるということを知った研修だと思えば、自分の中では最高の研修の一つだと思っています。

この研修で、自分の能力に自分で制約をつけずに挑戦し続ける体験をしたことが今でも役に立っていると思っています。

しかし、社員を変えるという教育を特殊な環境で行うことは、組織である以上どうしても無理があると知りました。

この研修に25万円 × 100人、2500万円以上の教育投資をしたこの会社は、結局教育は社内ですべきであることが最も重要であることを知ることになりました。

2、改善ポイント

基本的に、業績を上げるためにはさまざまな投資が必要です。
例えば**「教育投資」**です。

社員を教育することによって業績を上げようとする考え方もあるでしょう。

特に労働集約型の業種の場合には、社員の教育そのものが会社の業績に直結しているといえます。そのため社員の教育は必須であり、可能な限り教育投資をすることで多くのリターンを得ることができると考えているでしょう。

ここで大事なことは、その教育が本当に業績の向上につながるのか具体的に計測すること、そして教育を実施する前に**その効果を計測する指標を明らかにすることです。**

社員の教育は、やるべきことをできるようにする、または知識技術を身に付けることが中心になります。これが社員の成長を示すからです。

つまり、この教育によって重要業務がどのように遂行できるようになったのか。そして知識技術がどのように習得できたのかを、前もって何らかの数字で表せるようにして費用対効果が明確になっていなければならないでしょう。

他には**「設備投資」**も挙げられます。

設備投資をすることによって今以上に生産性が上がり、業績を上げることができるようになれば、結果として社員に還元することができます。

中小企業の場合には多大な設備投資をすることができないため、どうしてもその効果は限られているかもしれません。しかし、企業規模が大きくなれば、多大な設備投資をすることによって粗利益を稼ぐことができるでしょう。

この設備投資の効果は、設備投資効率を見るとはっきり分かります。粗利益を稼ぐためにはどれだけ投資をしたかが設備投資効率で明確になります。

製造業、特にこの設備投資効率が高い会社であれば、労働分配率が低いことが明確に分かります。これらは実際に経営指標で明らかにすることができますが、生産性に関しても、設備投資したことによってどれだけ生産性が上がるのか明確に分かります。つまり、設備投資においては最初からコストパフォーマンスが数字で分かるのです。

しかし、教育投資で業績を上げる方法に関しては、コストパフォーマンスが分かっていません。それ以上に成果を上げているやり方が我が社の中にありながら、実際にそれを活用していない残念な状況にあります。

通常、教育というのは成果の上がっていない社員に対して行われますが、その内容は一般論的な教育が多いでしょう。

しかし、我が社の優秀な社員、成果を上げている社員がやっていることは我が社でできることであり、決して特殊なことではありません。それを全社員に共有化するだけで、他の社員も成果を上げることができるようになります。つまり、一番大事なことは我が社で高い成果を上げている優秀な社員がやっている重要業務、または身に付けている知識技術の教育を、全社員に向けて行うことです。これは日本一、コストパフォーマンスの高い教育投資です。このことを知らなければ、教育投資を無駄にしてしまう可能性があります。

この優秀な社員の重要業務や知識技術を教育することは、教育課題として優先すべきものであると知らなければならないでしょう。

3、具体的な解決策

優秀な社員が成果を上げるためにやっていることは何でしょうか。そしてそれをやるために必要な知識技術は何でしょうか。まずはそれを可視化することから始めなければなりません。

成果の高い社員は決して特別な社員ではないのです。やるべきことをやっているから成果を上げています。同じ環境で同じお客様に対して活動している以上は、成果を上げている社員と同じやり方をすれば同じ結果になることは間違いありません。この成果とやっていること（重要業務）の関係を因果関係といいます。

この因果関係を明らかにするのが「成長シート」です。

成長シートにはそれぞれの成果ごとに優秀な社員がやっていること（重要業務）を明らかにしていきます。例えば、**売り上げの高い社員と粗利益の高い社員と生産性の高い社員は、それぞれやっていることが全く違います。**

そのため「この種類の成果を上げるためにはこれ（重要業務）をやる」と因果関係を明らかにしなければ、社員は理解できません。生産性を上げるのであれば、生産性の高い社員がやっていることを特定して指導することがとても大事です。

これはマネジメントの生産性向上にも求められます。

社員に対してやることを増やしている会社は、間違いなく社員の生産性を低くしています。**やることを増やすのではなく、成果を上げるやり方を特定して、それだけを指導することで、部下は生産性が高くなり、上司も生産性が高いマネジメントができること**

成長シート（成果と重要業務の因果関係）

	成長基準				
	1	2	3	4	5
売上高	2000万円未満	2000万円以上	3000万円以上	4000万円以上	5000万円以上

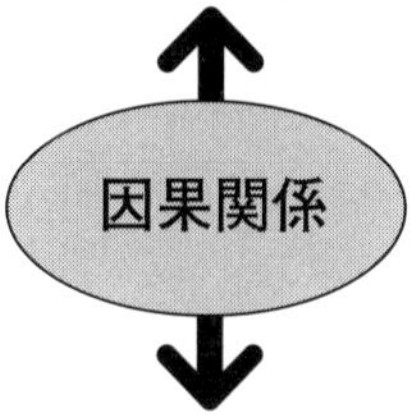

営業活動	やっている	少しやっている	基本的にやっている	優れたやり方でやっている	他の社員に教えている

ポイント

（1）「売上高」と「営業活動」は因果関係にあり、優秀な社員は売上高の評価も５点、営業活動の評価も５点である

（2）「売上高」が１点の社員は「営業活動」をやっていない社員である

（3） 仮に営業社員が 10 人いる会社で、現在の売上高が３億円のとき
（売上高３億円＝平均売上高 3,000 万円 ×10 人）
優秀な営業社員が全ての社員に「営業活動」を教えると売上高は5億円になる
（売上高５億円＝全員売上高 5,000 万円 ×10 人）

（4）この「営業活動」を教えるのは優秀な営業社員であり費用はかからない

になります。

この成果を上げるやり方が既に我が社の中にあるということは、社員にとっては驚きの事実でしょう。

そして、我が社の社員が成果を上げているとなれば、他の社員たちは「自分にもできるはずだ」と思います。ここがとても重要です。

よく社外の成功事例を説明する会社がありますが、その話を聞いた社員が「私には無理だ」と思ってしまえば、いくら説明してもやろうとはしません。

しかし、我が社の社員の成功事例であれば「あの社員ができたのだから自分にもできる」と思うところからスタートします。既に成功の第一歩を踏み出していることになるでしょう。

それから、この成果を上げるやり方を**「業績評価会議」**で共有化します。成果の上がっている社員を少しの時間で褒め、後は成果が上がっていない社員を延々と問い詰めるやり方では、いつになっても会社全体の成果は上がりません。

やり方を変えるのです。日々の業務の中で成果を上げた人がいれば、その成果を上げたやり方を上司やマネジメント業務をしている人たちが収集し、すべての社員に共有化します。

業績評価会議では次のような会話になるでしょう。

「当社では先月○○をやることで、全社員が同じように高い成果を上げることができました。よって、この成果の重要業務は○○です。これからみんなで○○を遂行しましょう」

業績評価会議はこうした重要業務を確認する場であって、決して成果の低い人を叱る場ではないことを知らなければなりません。

そしてもう一つ大事なことがあります。

「自分ができていることを他の社員に教えることで、さらに優秀になれる」と成果を上げている優秀な社員に伝えることです。

「教えることは二度学ぶ」といいます。これは教えた人はさらに成長するという意味です。

成果の上がっていない社員に成果を上げるやり方を伝えることは一筋縄ではいきません。簡単なことではないのです。

場合によっては「やる気が見えず、教えたのにやらない」と教えることを諦めてしまう話も聞きますが、人はやり方を説明されてもすぐに「分かりました」とはなりません。口でいうだけでできるようになるのであれば、これほど簡単なことはありません。分からないということは、何を言われているのか理解できていないのです。

しかし、そのうち教えている社員も工夫を重ねて、相手に分かってもらえる説明ができるようになります。教えた社員が教えた通りに行動して高い成果を上げるようになったとき、初めて「成果が上がっていない社員のやり方」と「自分のやり方」の違いを知るのです。違いの分かる社員になります。

これが成果を上げている社員にとっては次のチャレンジへの大きなヒントになります。「こんなことで成果が上がるのならば、ここを少し変更すればもっと大きな成果が出る！」と、さらにチャレンジできるようになるのです。

教えることは、二度学ぶ。教えた人が最も成長しますが、このことに対して「会社は教えたことを何よりも高く評価する」という評価基準にしなければなりません。

今の日本では教えた人は報われないような雰囲気があり、このままでは「優秀な社員がさらに優秀になる」機会を失ってしまいます。

「我が社では、教えた人が最も評価が高くなる」ことを、全社員に宣言することが必要です。

コラム2

歩合給を止めたら会社の業績が向上するのは何故?

情報誌を発行している会社のB社長は、とても真面目に社員のことを考えていました。「もっともっと社員に定着してもらい、たくさんの賃金を払えるようにしたい。そのためには社員全員が一丸となって成長してもらいたい」

その想いはすべて頷ける内容でした。

当時、地方で開催した成長塾の帰りに、このB社長から「ぜひ会社に立ち寄ってもらいたい」と声をかけられて、訪問させていただくことになりました。このような素晴らしい想いを持っているB社長の会社は、どのような会社だろうとワクワクしながら「こんにちは!」と声をかけて社内に入りましたが、呼応する社員は一人もいませんでした。来訪者に顔を上げて挨拶を返してくれる社員はいなかったのです。

その後、社内の様子も見学しましたが、社員同士の会話は少なく、雰囲気は良くなかったというのが正直な感想でした。私は、このB社長と社員とのギャップに驚きを隠せませんでした。

しかし、このギャップがあった理由はたった一つでした。この会社は歩合給制を採用していたのです。歩合給を支給していたために、社員は自分のことしか考えない、とにかく成果を上げれば賃金が上がる、それ以外のことは全く無関心という状態でした。これでは、社員一丸となって成長してほしいというB社長の想いを実現することは不可能でしょう。

　その後、B社長に歩合給の問題点を説明し、渋々歩合給をやめることになりましたが、B社長は業績が下がるのではないかと心配していました。「歩合給があることによって社員は一生懸命に仕事をする」というのがB社長の考えだったのです。

　ところが、歩合給をやめて「成果を上げている社員は優秀であるが、その成果を上げるやり方を他の社員に教えた社員を最も優秀だと評価する。そして教えられた社員全員が成果を上げることで、全員の賃金が増える」と、評価する内容と賃金がどのように連動していくか明確にした人事制度をつくったところ、この会社は今までの雰囲気とは全く変わり、社員がお互いに教え合って一緒に成長する会社になったのです。その結果、この会社は業績を急激に向上させました。

　その頃に、私はこの会社の経営目標発表会での講演を依頼され、再度会社を訪問したことがあります。そのときの社員の様子は、これほど変われるのかと思うほど明るく、元気に挨拶をしてくれました。

　この会社で仕事をすることが楽しい、世の中に貢献している充実感がひしひしと伝わる元気な様子に、B社長の想いが伝わる人事制度になったことを確信しました。

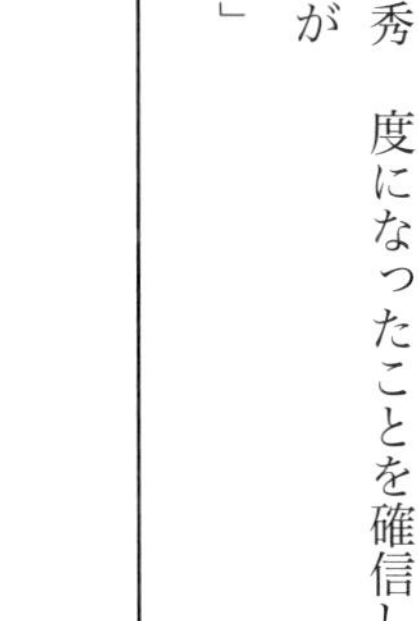

第4章　飛躍的に業績を向上させる仕組み

1、事例

成長シートはすべての社員を優秀にするためにつくります。優秀な社員をモデルにして成長シートをつくることで、すべての社員を「優秀な社員」というゴールに向かって指導できるようになります。

前勤務先の場合は優秀な社員がいなかったため、モデルになったのは経営者です。経営者が80点以上を取れる成長シートをつくり、社員を評価した結果、最も高い社員の点数は50点でした。そのとき社長は「やっぱりそんな感じだね」と言って寂しそうにその点数を見つめていました。

なかなか社員が成長しないことは、多くの中小企業経営者の悩みでしょう。このように社員を点数化すると、点数の低い社員に対して「なぜ成長しないのか！」と叱りたくなるかもしれません。

しかし、成長シートは決して点数が低い社員を叱るために活用するものではありません。少しでも点数が増えたら成長したと認めるために活用します。成長を認めることに点数が高い低いは関係ないのです。

新卒で入社した社員は、成長シートの点数は20点からスタートします。前勤務先の社員は少なくとも20点から50点と30点成長したのです。本来なら50点の社員を褒めることはないでしょうが、社長は思い切ってこの社員の小さな成長を褒めました。

そこで思いがけないことが起きました。その小さな成長を褒められた50点の社員は、やる気になったのです。それればかりではなく、その社員のやる気を見て、つられるように他の社員もやる気を出すようになり、成長し始めたのです。

少しずつ点数が増えるたびに、その小さな成長を社長が褒める。「成長の善循環」といえるでしょう。ここでは賃金の話はまったく出てきません。しかし、次々に社員が成長していき、私が入社したときに一般階層だった社員は、気が付けば全員中堅階層にステップアップしていたのです。

私は、小さな成長を褒めることがこれほどの効果を生み出せるという結果を目の当たりにしました。

ところが、その段階になると社長が一言「困った」とつぶやいたのです。それもそのはずです。前勤務先では、中堅階層の社員は「店長」を任せる社員です。

しかし、中堅階層まで成長した社員が増えても、店舗数を増やすことは簡単にはできません。そのため、店舗数よりも中堅階層の社員が上回ってしまい、せっかく全社員が中堅階層まで成長したのに、活躍できる場所を用意できない状況に陥りました。

このままでは社員が成長しても、今以上に業績を向上させることができません。「社員が成長しない」という悩みから、次は「社員が全員成長した」ことが新たな悩みのタネとなってしまったのです。

2、改善ポイント

社員が全員成長した結果、既存の事業だけでは活躍できる場所が無くなってしまった場合は、新規事業への取り組みが必要です。

しかし、実際にその新規事業が成功するかどうかは、取り組み始めてみないと分かりません。そこで、新規事業の成功率を少しでも高めるため、その新規事業はお客様のニーズを満たせるかどうかを分析する必要があります。

前勤務先には成長シートがあり、各店長に成果を毎日本部に報告してもらっていたため、そのデータを活用することにしました。そのデータを分析した結果、ある店舗では「寿司だねセット」を販売し、売れ行きが好調であることが分かりました。このことから、寿司を食べたいというお客様がいることは明々白々です。

前勤務先は魚屋のため、寿司を売ることは想定していませんでしたが、このデータから寿司のニーズがあることが分かりました。

それではこの店舗で販売している寿司だねセットが、同じように全店で売れたらどうでしょうか。そこには全店のお客さんに寿司を食べたいというニーズがあることがはっきりと確認できたことになります。実際に全店で売れたため、この「寿司を食べたい」というニーズに応える新規事業、「寿司事業」を立ち上げました。

既存事業のお客様の新しいニーズを分析することで、新規事業の成功する確率は間違いなく高くなるでしょう。実際、この寿司事業は取り組み始めた最初の月から大黒字という結果になりました。

特に、お客様のニーズは環境の変化によってどんどん変わっていきます。そのニーズを常に集めることをしなければならないでしょう。

実際に成長シートをつくり、自社の優秀な社員の特徴が分かった経営者は「我が社で優秀な社員はお客様のニーズにノーと言わない。お客様のニーズに応えることによって売り上げを上げている」と発言しています。このように、どの会社でも社員は毎日お客様からさまざまなニーズを伺っているのです。

そのニーズに対応して新しい商品・サービスを提供して喜んでいただければ、今まで以上に業績を上げることができます。

企業は「環境適応業」と言われています。社員はお客様のニーズの変化に合わせて適応する。上司は高い成果を上げている社員がお客様のニーズにどのように応えているか、その情報を集めていち早くすべての社員に共有し、全社員が高い成果を上げられるようにしていくこと。環境に適応するためには、このことが企業に求められます。

まだ社員が成長しておらず、新規事業のことは考えていないとしても毎日ニーズを分析することは必要です。経営者であれば企業寿命30年説はご存知でしょう。今のビジネスモデルが続くのは最長でも30年です。今の事業を継続しながら、新しい事業のヒントを探しておかなければなりません。

3、具体的な解決方法

お客様のニーズを分析してから新規事業に取り組まなければなりません。そのために、まずは社員から現場であったお客様のニーズを毎日集める仕組みが必要です。上司の仕事はそのお客様のニーズに関する情報を社員から集め、そしてそれを全社員に共有化することです。

優秀な社員の特徴の一つとして「挑戦すること」が挙げられます。お客様の新しいニーズに対して、新しい商品・サービスを提供しようと挑戦しているのです。

社員から集めた情報の中に、現場の社員が新しい商品・サービスを提供してそのニーズに応えたという報告があれば、これを全社員に共有します。

他の社員は、自分でニーズに応える方法を考えて苦労するよりも、共有された内容を真似するでしょう。

しかし、真似した社員が同じような成果を上げることができない場合もあります。これはすべてのお客様のニーズに応えられる商品・サービスではないと証明されたことになります。別の理由で成果が上がった可能性もあるでしょう。

すべてのお客様に喜んでもらい、すべての社員が真似をして成果が上がったのであれば、その商品・サービスはニーズに応えられることが分かります。

このことを確認してから新規事業について考えることで、成功率を高めることができます。

一般的に新規事業はやってみてからその成否を考えようとします。それではあまりにもリスクが高すぎると言わざるを得ないでしょう。

また、事業は売り上げを継続して上げる必要があるため、常に変化するお客様のニーズに対応し続けなければなりません。毎日現場のお客様のニーズを分析することで、そのニーズの変化も知ることができます。

もう一つ、新しい事業に取り組むときに活用すべき仕組みがあります。それは「チャレンジシート」です。既存事業では成長シートを活用します。成長シートは優秀な社員をモデルにしてつくったシートです。ただ、これから始める新規事業にはモデルとなる優秀な社員がいません。そこで活用するのがチャレンジシートです。

売り上げや粗利益を期待成果として、新規事業における目標を立てることになるでしょう。しかし、その成果を上げるために遂行する重要業務は、これから新規事業をする計画段階で検討することになります。実際にそれが成果を上げるかどうかは、新規事業が始まってからでないと判断できません。このチャレンジシートは期待成果以外をすべて仮説として、常に見直しながら活用するのです。

社員が成長することで業績は向上します。しかし、成長した全社員が活躍できる場所がなければ、業績はそこでストップします。成長した社員の活躍できる場所をつくるため、新規事業に取り組まなければなりません。

それだけでなく、新規事業が成功することで、会社の業績を飛躍的に向上させることができます。そのためには、お客様の潜在ニーズを分析し、そのニーズを満たす新規事業に取り組むこと。そして新規事業ではチャレンジシートを活用すること。この2つによって新規事業の成功する確率を高める必要があると考えてください。

第5章　楽しみながら業績を向上させる仕組み

1、事例

多くの会社が経営目標を設定し、それに取り組んでいます。

ほとんどの社員は経営目標と聞いた瞬間、その目標が重くのしかかるイメージがあります。

高い目標を実現することは、当然ながら多くの困難を要します。その困難に挑戦する必要があり、社員は苦しいというイメージを持ってしまうのでしょう。

経営目標を発表する会場で、すべての社員がその目標を実現しようと思っているとは考えられません。なぜなら「組織原則2：6：2」があるからです。

すべての会社には優秀な社員が2割、まあまあの社員が6割、これから成果を上げる社員が2割います。

この組織原則通りに社員は反応します。

上の2割の社員は経営目標を実現しようと意欲を燃やしています。

6割の社員は本当にこの目標は実現できるだろうかと少し不安げな顔をしています。

下の2割の社員は最初から無理だという顔をしています。

このような状況の中で、いくら会社が経営目標を実現するために発表会を開いたとしても、今日にでも目標を実現しようと現場の社員全員が思わない限り経営目標を達成することは無理でしょう。

そのため経営目標をノルマとして社員に課している会社もあります。

「ノルマ」はロシア語です。

日本人が戦後、シベリアに抑留された際、ノルマという言葉を知り日本に持ち帰った言葉です。決して明るい言葉ではありません。ノルマと聞いた瞬間に嫌な顔をする社員もいるでしょう。

目標に向かって取り組むには、今までとは違ったチャレンジをする必要があります。そういう意味では大変かもしれません。

しかし、社員が成長するためには社員それぞれが挑戦する必要があり、避けては通れない道でしょう。

このとき、今までとは全く異なる新しいことに挑戦するイメージがありますが、そうではありません。実際は既に我が社には優秀な社員がいて、高い成果を上げています。高い成果を上げているのには理由があるのです。

社員の意欲の問題も多少はあるでしょう。しかし、大事なことは「高い成果を上げるためには高い成果を上げることができる業務をしている」ことです。

その高い成果を上げる業務を、社内で共有化することができれば、誰もが成果を上げることが可能になります。

2、改善ポイント

楽しみながら成果を上げるためには2つポイントがあります。

一つは成果の上げられていない下の2割の社員を叱らないことです。

どの会社でも成果が低いと「やる気がない」「根性がない」「本気を出せ」とさまざまな叱咤激励をしています。しかし、成果が上がっていないのはやる気がないわけでも、意欲がないわけでもありません。単純に成果の上がらない業務をやっているだけです。

これは、成果を上げるための業務を会社で特定して指導できていないからです。つまり、上司の指導が的確ではなかった結果です。

そのため、成果が低いからといって社員を叱ることはやめなければなりません。今まで成果が低いからといって叱った社員が、その後成果を上げた試しはないでしょう。成果の低い社員を「成果が低い」と叱るよりも、成果を上げる方法を教えるマネジメントに切り替える必要があるでしょう。

もう一つは日本人の特性を生かす仕事の仕方を思い出すことです。

今までは成果が上げられず困っている社員がいたら、どの会社でも周りに他の社員が集まってきて、何とか成果を上げられるようにアドバイスをしていたでしょう。それが今までの日本企業の組織風土でした。

ところが、今は成果が上げられない社員に対して「助けてあげよう」「支援してあげよう」という組織風土が失われつつあります。これではいつまで経ってもこの社員は成果を上げることはできないでしょう。

今までの組織風土を取り戻すためには、成果の上がっていない社員に教えた社員を褒めなければなりません。

今まで人事制度の構築を支援、指導してきた1373社の経営者は、全員「教えた社員を最も高く評価する」と発言しました。

これは個人で高い成果を上げている社員よりも、その高い成果を上げるやり方を困っている社員に教えることが、我が社の社員として最も素晴らしく、そして最も高く評価することを意味しています。

それがきちんと可視化される状況をつくらなければなりません。教えた社員が最も評価されると社員が分かれば、率先して他の社員に教えるようになるでしょう。その結果として、今までの日本企業の組織風土を取り戻すことになるのです。

3、具体的な解決方法

我が社の中には優秀な社員が2割、まあまあの社員が6割、これからだという社員が2割います。

成長シートがあれば成長点数が計算できます。社員の中には80点以上取れる社員や60点前後の社員、40点前後の社員と点数はさまざまです。このときの全体平均は50点となります。つまり、我が社の業績は平均50点の結果だということを知らなければなりません。

80点以上取れている優秀な社員がやっていることを、すべての社員が同じように実施することができたら、全社員が高い成果になることを忘れています。高い成果を上げている社員のやっていること、それをすべての社員に共有化するシートが成長シートです。成長シートで、高い成果を上げている社員のやっていることを可視化するのです。

ここで注意することは、最も高い成果を上げていても、成果の種類によってはやっている業務が違うことを知らなければなりません。

単純に売り上げの高さで捉えるのではなく、売り上げの構成要素である「顧客数×顧客単価」に分解して、その各要素を上げる業務を検討しなければなりません。

顧客数を増やしている社員の重要業務と、顧客単価を上げている社員の重要業務は当然違います。また、生産性を向上させている社員の重要業務も全く違います。成果の種類によって重要業務が違います。

これらをすべて一つの成長シートにまとめて、すべての社員が高い成果を上げることが可能であることを示さなければなりません。

優秀な社員に学ぶ重要業務

組織原則 ２：６：２	特徴	成長のコツ	笑顔
優秀な社員 2割	重要業務を優れたやり方でやっており社内に学ぶものがない	社外で学ぶ	社外で学ぶ機会をありがとう
普通の社員 6割	重要業務をやっているが、大きな成果がでる優れたやり方でやっていない	社内で優れたやり方を学ぶ	そんなコツがあったんですね。教えてくれてありがとう
これからの社員 2割	一生懸命に仕事はしているが、重要業務をやっていない	社内で重要業務を学ぶ	この業務をやればいいのですね ありがとう

ポイント
（1）成果の低さで叱られることはない
（2）成果の大きさの違いは、やっていること（重要業務）の違い、やり方の違いであると知る
（3）他の社員ができるのであれば、「自分にもできる」と自信を持って取り組める
（4）社員に教えることを最も高く評価する

成果の上がっていない社員はこの成長シートに可視化された重要業務をやれば、同じように高い成果を上げることができます。これはとても重要なことです。

しばしば、成果の上がらない社員に「しっかり考えて行動しなさい」と指導している会社もあります。

しかし、成果の上がらない社員は成果の上がらない業務を一生懸命やっているのであり、考えて行動しても今の結果ならば、本人に考えさせてはいけないの

です。

成果の上がってない社員は現在やっている業務を今すぐやめ、高い成果を上げている社員がやっている業務に取り組まなければなりません。これによって、社員は同じように高い成果を上げることができます。

今までは高い成果を上げようと必死になって仕事に取り組んできましたが、今後はその無駄な努力をしなくても良いことが分かります。

これをやれば間違いなく高い成果が上がると思ったときの社員の顔をご覧いただきたいと思います。

「これさえあれば私も高い成果を上げることができる」と笑顔になっているでしょう。

コラム 3

優秀な社員にするため社員を深い谷に落としていた！

小売業を営むM社長に初めてお会いした際、優秀な社員を可視化するお話をしたところ、M社長の優秀な社員のイメージを語ってくれました。

「叩いても蹴飛ばしてもそれにめげずに、断崖絶壁を這い上がってくるような社員が当社にとっての優秀な社員です」と、獅子の子落としを地で行くような発言でした。

そこで、現在いる御社の社員はそういう社員ばかりなのか聞いたところ、「残念ながら、今の社員は根性がなくて少し厳しくすると辞めちゃうんです。なかなか中小企業にはそういう根性のある社員は入ってこないものですね」と返され、定着率が低いことは想像に難くありませんでした。

そのM社長も「社員が成長し業績が向上する人事制度」を成長塾で自らつくり始めたら、徐々に考え方が変わってきたようです。

「そうだったんですね。社員は1年や2年で優秀になることはないのですね。今回人事制度をつくったことで、当社で優秀になるためには5年かかると分かりました。5年かけてゆっくり成長していくようにしなければならないのですね」

「私の考えが間違っていたために社員が成長しなかったということがよく分かりまし

た。この仕組みをつくれば、社員が少しずつ成長していくことを私は認めることができるでしょう。社員に変わることばかりを求めていましたが、私が先に変わらなければならないのですね」

このように、M社長の考え通りに社員がじっくりゆっくり成長していくような人事制度をつくって運用した結果、社員は誰も辞めなくなりました。そしてゆっくり成長していく社員を、このM社長は褒めるようになったのです。

そのため、この会社は少しずつ成長を遂げながら、生産性がわずか5年で2倍以上になりました。

「やらせようと思っても、それは無理なこと。実際にいる社員の小さな成長を認めながら、お互いに成長し合うということを仕組みにすることがこれほど大きな効果をもたらすとは思っていませんでした。社員は今まで私を鬼軍曹のような経営者だと思っていたようですが、今では仏様のような経営者だと言っています」

このときの嬉しそうなM社長の顔が今でも忘れられません。

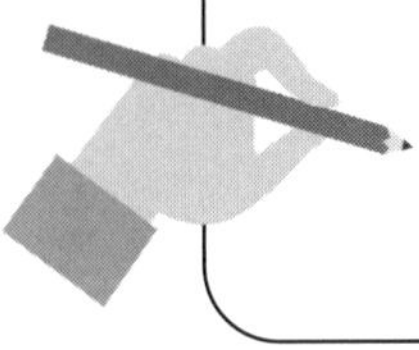

第6章　永遠に継続して業績を向上させる仕組み

1、事例

第4章でも紹介しましたが、私は前勤務先で新規事業「寿司事業」を立ち上げました。ただ単に当時は寿司事業が儲かっていたから立ち上げたのではありません。

この会社では、常に成功事例をデイリーで全体共有していました。そのデイリーで共有化している情報の中に「寿司だねセットが売れている」というものがありました。シャリの上に載せる大きさに切った刺身のセットです。恐らく日本で最も早く寿司だねセットをつくった会社だったと思います。

理由はさまざまですが、この寿司だねセットがお店でとても売れたという情報が、すべての店に共有化され、他の店でも寿司だねセットを扱うようになっていました。

この寿司だねセットにシャリをつければ、お寿司になります。今までは寿司だねセットだけを販売して、シャリはご自宅で握って用意してもらう形式でしたが、これからはシャリもつけて「お寿司」として販売する「寿司事業」を、新規事業として立ち上げることにしました。

仮定した潜在ニーズを満たすために商品が売れていると確認できれば、その潜在ニーズを満たす新規事業が成功することは間違いないと証明されたも同然です。

寿司だねセットが売れたことで、寿司を食べたい潜在ニーズがあると証明されているため、寿司を提供する寿司事業は成功すると考えました。

しかし、当時は寿司専業の他社が赤字になっている状況でしたので、新規事業として展開することを認められるのは簡単ではありませんでした。

問題だったのが、寿司は売れても経費がかかることです。特に、寿司職人さんの人件費が高いために労働分配率は高く、利益率は低くなります。場合によっては赤字となることが多くありました。

そのため、寿司だねの加工を正社員からパートさん中心に行うようにしました。その結果、労働分配率は考えられないほど低い状態で、この寿司事業を立ち上げることができました。

寿司だねをのせるシャリについては、シャリ玉をつくる機械を導入することで、その技術の習得は必要なくなりました。

このように、現場では実際のお客様の顕在ニーズだけでなく、潜在ニーズも調査した上で、そのニーズを満たすために必要な準備をします。

我が社の5年後10年後の新規事業の芽がすでに現場で生まれているのです。経営者・経営幹部はそこに目を向けなければならないでしょう。

新規事業はうまくいって3割、場合によっては1割しか成功しないでしょう。しかし、とりあえずつくって売ってみるのではなく、お客様が欲しいと思っているものを分析して実際につくり、商品・サービスとして提供することができたとすれば、成功する確率は飛躍的に高くなると想像がつくでしょう。

先述した「企業寿命30年説」は、1983年に「日経ビジネス」が掲載しました。

今の事業がどれだけ順風満帆に進んでいるとしても、30年後もそのまま継続しているかどうかは分かりません。

今年採用した新卒は30年後には幹部社員として活躍することになるでしょうが、その頃には入社時とは全く違う事業をしていることを知らなければなりません。

そういう意味では、常に変化するお客様のニーズを現場で捉えて取り組むという考え方がなければいけないでしょう。

今回の事例も、その実践によって売上収益の高い新規事業を展開することができた一つの事例です。

2、改善ポイント

日本では新卒社員に対しても即戦力を求める風潮があります。早く成果を上げさせて幹部にしたい考えは分からなくはありません。

しかし、既存事業がマーケットで認められている理由は、現場の社員がお客様に喜んでもらっている結果です。この会社で優秀な社員になるためには、まずは現場で一般階層としてしっかり成長する時間をつくらなければなりません。

その会社での優秀な社員、つまり高い成果を上げる社員になるためには、成果を上げるための重要業務をしっかりやりきり、その重要業務をやるための知識技術をしっかり身に付け、そしてこの会社にふさわしい社員として守るべき勤務態度を守ることができなければなりません。

そしてこの会社がマーケットで認知されて業績を上げている理由は、お客様に喜んでもらって顧客満足度が高いからであると、社員は身をもって知らなければなりません。

一般階層は学ぶ階層ですが、このときの学びは首から下が中心になります。つまり、手足を使ってお客様のニーズに応える業務を学びます。

その中で一般階層として優秀になるためには、お客様から求められた要望に応える商品・サービス開発をしなければならないでしょう。お客様の欲しいものは日々変わっていくことを確認しながら、それに対応することができて初めて優秀な社員になっていきます。

お客様のニーズは日々変わりますが、社員は現場でそのお客様のニーズに応え、それによって高い成果を上げたことを経験します。これにより、中堅階層・管理階層になった時には自分の昔の体験談では部下を指導することはできないことが分かります。自身も一般階層で日々変わるお客様のニーズに対応してきたことを体験しているからです。

仮に中堅階層にステップアップしたばかりのタイミングなら、初めて配属された部下に対して今までやってきた重要業務、そのために必要な知識技術、勤務態度を守ることを教えればいいでしょう。一般階層を卒業してから日が浅いため、体験談が部下指導に有効となる可能性があります。

しかし、3年、5年と経つに従い、優秀な上司は過去の自分以上に高い成果を上げられる部下を育てることになりますので、過去の体験談では部下指導が有効にならないことを、しっかりと理解しなければなりません。

現場で求められるニーズは日々変わり、それに対応できるのは現場の社員だけであることを、一般階層で体験することが将来的にとても重要だと考えなければなりません。

3、具体的な解決方法

会社が5年、10年、100年と継続して発展していくためには、常に変化する顧客ニーズ、できれば顕在ニーズ以上に潜在ニーズについて理解していなければなりません。表面上は喜んでもらったとしても、明日以降も同じように喜んでもらえるとは限らないからです。

高い顧客満足度を維持するためには、日々変化するお客様のニーズに応えなければなりません。そのため、企業はニーズを分析し、経営戦略を立てます。

一般的に、経営戦略は経営者や経営幹部が机上で学びながら新しい事業に着手するというイメージがあります。しかし、最も大事なことはその変化は現場で起きているということです。

現場で優秀な社員は常にそのお客様のニーズに対応しています。

一般的に成長・発展している会社は、ダーウィンの進化論のように「経営環境適応業」の会社だと言われています。環境に適応していくことによって、企業は存続していくことができるのです。

しかし、これは半分合っていますが、100パーセント正解ではありません。会社が環境に適応する前に、社員が環境に適応していくからです。

現状の商品・サービスでは適応できないのであれば、適応できる新たなものをどこからか探してくるでしょう。あるいは、適応できる商品・サービスを自分たちで新たに開発する道を選ぶかもしれません。

どちらにしても、今の状況で終わりではなく、常に新しいお客様のニーズに応えようとしていかなければなりません。成長シートがあればこのこともはっきりと分かります。

例えば、今最も高い成果を上げている社員が、年間で5000万円売り上げていると

顧客ニーズと企業成長

	研究対象	収集する人	解決方法
○	顧客ニーズ	一般階層の社員	成長シートの活用
×	書籍 セミナー	経営者 幹部	会議での討議

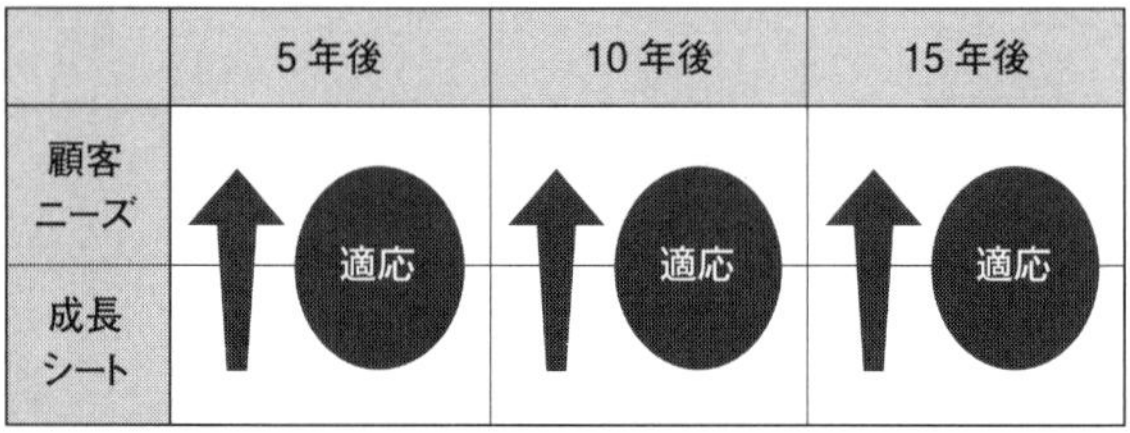

ポイント
（1）顧客ニーズに適応する社員が高い成果を上げる
（2）その社員をモデルに成長シートが見直しされる
（3）その成長シートで全社員一緒に優秀になれる

します。この社員が５５００万円、６０００万円とさらに成果を上げたときに、どのような対応をして成果を上げたのかを知らなければなりません。

成果を上げた理由は二つしかありません。

一つは高い成果を上げるため重要業務を変革したことです。今まで以上に成果の高いやり方に改善・改革し、より高い成果を上げられるようになったことが一つの理由です。

もう一つは、今まで我が社で扱っていない商品を仕入れた、または新たに開発して販売したことです。これはお客様の新しいニーズに応えた結果です。この事実が会社全体の今後の発展する方向性にもなるでしょう。

この成果を上げた情報が常に現場から収集されていなければなりません。これができていないと、今の商品・サービスを提供し続けたとしても、マーケットが飽和状態になればそこで売り上げはストップします。

そうならないためにも新しいマーケットを探すこともあるでしょう。新しい商品・サービスを開発することもあるでしょう。つまり、新しいことに挑戦しなければ会社は存続発展しません。常に現場から新規事業の芽を見つけられるような仕組みにしておく必要があります。

成果が上がった社員は重要業務を変えたのか、または新しい商品・サービスを提供したのかを、日々、組織全体で分かるようにならなければなりません。

そのためには成長シートで日々の成果を確認し、特に成果が上がった社員は誰か、そして成果を上げるために行った業務は何かを特定するのです。

激動の時代では、経営者がこの現場の状況を常に把握できるかどうかが、将来に向けて成長するための大きな鍵となります。

第7章　時代に合わせて業績を向上させる仕組み

1、事例

今と昔で優秀な社員像は大きく変わりました。

以前の日本の社員の働き方は、とあるコマーシャルのようなイメージでした。

それは「24時間戦えますか？　〇ゲイン！」という栄養ドリンクのコマーシャルです。

現在40代以上の人たちは、おそらくこのコマーシャルに違和感はないでしょう。それは残業することが当たり前だったからです。

次から次へと仕事が増えることはとてもありがたいことであり、それを組織全体でこなしていることは、全社員が残業を前提に仕事をしていることを意味しました。

そのため、当時の社員は定時で帰ることを想定していません。これが尾を引いて、多くの企業は今でも固定残業代を支給しているのです。

しかし、同じような働き方で業績が伸びていく会社は存在しなくなるでしょう。

現在はパソコンやスマートフォンをはじめとする新しいIT技術を活用して働くようになり、同じ業務の繰り返しで残業することはほぼなくなってきたといえます。

それに加え、政府が働き方改革を進めているため、かつてない残業時間の上限規制を設けることになりました。今までも法律的には残業は禁止でしたが、36協定（時間外労働を行うための協定）を結ぶことによって実質青天井でした。そのため、社員の健康被害を始めとするさまざまな問題が生じ、すべての業種で上限規制を設けることになったのです。

今まで社員を評価する成果は、一人当たりの労働生産性でした。社員一人がどれだけ粗利益を稼いだのか、この「成果の大きさ」で評価をしていました。ですから、社員は会社から評価してもらうためには成果が上がるまで残業しなければならないと考えていたでしょう。

ところが残業時間の上限規制が設けられましたので、社員を評価する成果が大きく変わります。これからは、「1時間当たりの労働生産性」、つまり「1時間当たりに稼いだ粗利益の大きさ」で社員を評価しなければならない時代になったのです。

これは企業にとって最も大切な成果になります。

これからの優秀な社員像は「生産性の高い社員」です。もちろんどの会社にも「生産性の高い社員」と「生産性の低い社員」がいますが、現状ではその実態を把握できていないでしょう。

まず、1時間当たりの労働生産性で社員を評価し、生産性が高い社員を特定することから始めます。そして、その生産性の高い社員のやり方を分析してから、共有化できれば生産性の低い社員はそのやり方を真似することで生産性を高めることができます。

この成果の素晴らしい所は、常に生産性を意識して働く必要があるため、ダラダラ残業、付き合い残業をすることがなくなります。

残業せずに高い成果を上げている社員が最も優秀だと評価されます。

つまり、働き方改革をきっかけに優秀な社員のパラダイムシフトが起きたことを知らなければなりません。優秀な社員像は今までとは全く変わり、2019年以降は1時間当たりの労働生産性が高い社員が優秀であることを明確にしなければならなくなりました。

社員を評価する成果の一つに、1時間当たりの労働生産性が入っていなければ、継続して業績を上げることはできません。

この成果を上げるためには残業するしないではなく、一時期仕事が増えて残業したとしても、常に頭の中では残業せずに成果を上げる方法を考えるようにするのです。

1時間当たりの労働生産性が評価の対象になっていれば、残業して成果を上げていた社員は残業せずに成果を上げられるように成長していきます。

これが実際に継続することによって、社員は短い時間で高い成果を上げることができるようになります。この方法ならば、社員は成果をエンドレスで上げられます。

今までのように残業して成果を上げるやり方では、エンドレスで成果を上げることはできません。もうこれ以上残業はできませんという状況になります。

残業せずに成果を上げるこのやり方を継続すれば、社員の1時間当たりの生産性はエンドレスで向上するのです。

これは社員の大きな成長につながり、結果として会社の業績も向上していきます。

2、改善ポイント

社員の優秀さは成果の大きさではなくなりました。これで優秀な社員像は生産性の高い社員へと大きくパラダイムシフトしたことになります。

そのため、成長シートがあれば、今まで期待成果は「1人当たりの労働生産性」でしたが、これからは「1時間当たりの労働生産性」に変更しなければなりません。

今までこの生産性について分析したことがない会社は、1時間当たりの労働生産性が高い社員は誰か分からないでしょう。

そのため、この生産性分析を今すぐしなければなりません。

場合によっては、新入社員の方が先輩社員よりも生産性が高いこともあるかもしれません。特に、今のZ世代と呼ばれる若い世代は「無意味な残業はしたくない」という意識が強いと思います。それは決して悪いことではないでしょう。

残業は追加の付加価値を生むためにします。残業しているからといって必ずしも素晴らしい社員であるということではありません。残業して大きな成果を上げることは確かに評価すべきですが、残業せずに大きな成果を上げられる社員こそ一番評価されるべきです。

これからは優秀だと評価される成果の種類が変わったことを、社員に示さなければなりません。

評価の対象となる成果を明らかにすることで、成果の大きさは社員によって違うことが分かります。今回なら「生産性の高い社員」と「まあまあな生産性の社員」と「生産性の低い社員」がいることを知るでしょう。

そして、生産性の高い社員のやり方を全社員に共有化すればいいのです。生産性の低い社員は決してダメな社員ではありません。生産性の上がるやり方をしていなかっただけです。生産性の上がるやり方を明らかにして社員全体の生産性を上げるのです。

そして、このように評価の対象が大きく変わったときは、その評価を最低1年間は処遇に反映しないことが大原則です。

成長シートであれば、期待成果に「1時間当たりの労働生産性」を設定しますが、ウエートは「ゼロ」として成長点数の計算に含めません。これにより賃金には反映されないことになります。

全社員で新しい成果を上げるやり方を検討し、そのやり方で生産性が高くなることを確認しながら1年間は賃金に反映させず運用します。場合によっては当初検討したやり方以上に優れたやり方を見出し、それをまた共有化していくことが必要です。

そして、全社員が新しい成果に対して納得できるようにすることで、変更してから1年後には賃金に反映させることができるでしょう。

このように、突然評価の対象を変えても社員の賃金を下げないようにすることがとても重要です。すべての社員が新しいことに挑戦できる組織づくりとして、この大原則を守っていかなければなりません。

3、具体的な解決方法

一般的に、社員が優秀かどうかは売り上げや利益といった成果の高さで判断します。これからは、この社員を評価する項目を変えていかなければなりません。それが「1時間当たりの労働生産性」です。

小売業や飲食・レストラン業は1時間当たりの労働生産性を「人時生産性」と表現し、生産性指標として活用してきました。この1時間当たりの労働生産性を、すべての業種で活用する時が来たといえます。

社員数や拠点（事業所・支社・営業所・店舗）数が多ければ多いほど、この生産性指標は活用することができます。なぜならそれぞれ生産性が違うからです。そこに生産性向上のポイントがあります。

経営者は、全社員同じような仕事の仕方をしていて、上司は同じような指導をしていると思っています。しかし、実際にやっていることに違いがあるのです。このことが明確になっていない可能性があります。

そのため、1時間当たりの労働生産性を成長シートの期待成果にします。期待成果は数字で明らかにするため、生産性の評価に甘辛評価が出ることはありません。これにより生産性の高い社員が特定できます。

そしてこの1時間当たりの労働生産性の高い社員がやっている業務を明らかにします。その上でこの業務を遂行するためにどのような知識技術が必要か、組織の中で明らかにしていくのです。ここがとても重要です。

上限規制される前（2019年）とこれからの違い

	成果の種類	特徴	成果の大きさ
2019年までの優秀な社員	1人当たり労働生産性 $= \frac{\text{付加価値}}{\text{従業員数}}$	・残業多し ・休日出勤する	限界がある
↓ 2019年からの優秀な社員	1時間当たり労働生産性 $= \frac{\text{付加価値}}{\text{総労働時間}}$	・残業は社員の判断 ・休日出勤は社員の判断	エンドレス

	成果	種類	会社の業績
2019年までの成長シート	売上高の高い社員を評価する	売上高	1人当たりの売上高は上限があるため業績向上のスピードは段々遅くなる
↓ 2019年からの成長シート	1時間当たりの生産性の高い社員を評価する	1時間当たりの生産性（人時生産性）	1時間当たりの売上高は上限がないため業績向上のスピードは段々早くなる

※働き方改革の一環で、2019年から残業時間の上限規制が始まりました。

生産性を高めるためには何をしたらよいか、通常は社外から学ぼうとしています。もちろん社外から学ぶことはとても重要です。しかし、今の組織の中には既に生産性の高い社員がいるのです。生産性の高い拠点が存在しているのです。

ですから、その生産性の高い社員がやっていることを明らかにすることがとても重要です。生産性の高い社員がやっていることを特定して全社員に教育することで、我が社の生産性は最低でも1・5倍以上になることは、私の経験上分かっています。

生産性を向上させるために、我が社の社員が実際に行っているやり方ならば、他の社員は「同じ会社の社員ができるのであれば私にもできる」と言います。社員が新しい業務に取り組む際、この思いはとても重要です。この思いがあると、既に成功の第一歩を踏み出したことになります。

社外の研修でどれほど良い話を聞いても「私には無理だ」と思った瞬間、それを実行に移すことはほぼありません。しかし、同じ我が社の社員がやっていることだとすれば、すぐに取り組むでしょう。そしてその業務に必要な知識技術があれば、すぐに学ぶようになるでしょう。

そして日々その生産性を向上させるやり方を明らかにしていき、いずれは社員の評価に活用できるようになります。

例えば成長シートの中に「1時間当たりの労働生産性」を期待成果に設け、その成果を上げるための重要業務、その業務に必要な知識技術を設定することで「1時間当たりの労働生産性」を評価すると社員に約束したことになります。

最初の段階では、全社員がチャレンジ項目としてこれに取り組んでもらいます。仮に1年間をチャレンジ期間とした場合、1年後には評価される項目だと分かっていれば、今日から全社員が1時間当たりの労働生産性の向上を目指して取り組むようになるでしょう。

生産性向上に取り組む中で、生産性の高い社員が他の社員にその方法を教えることができれば、なおさら会社全体の生産性向上のスピードが高まります。

大事なことは、生産性を上げるために必要な重要業務と知識技術を明らかにすること。そしてそれは優秀な社員だと評価されるために1人で苦しむ必要はなく、他の社員に教えてもらえること。やがて会社の生産性が高まった時に全社員の賃金が良くなるということ。このように評価と賃金がきちんと連動した形で運用されることを社員が分かるようにすることが必要です。

コラム

4

人事制度をつくったら親子の仲が良くなった？

成長塾を受講された販売会社の創業者S社長と、そのご子息である後継者S専務は、当時あまり仲の良い状態ではありませんでした。

成長塾は、1日7時間×全6回の講座で人事制度を可視化していきますが、このお二人が受講された際、第2講座が終わった時点で話し合っている所をほとんど見ておらず「もしかするとこの親子の関係は良くないのではないか？」と私は思いました。

成長塾では、創業者の今までの評価と賃金の決め方を人事制度として可視化していきますが、このお二人が打ち解けて話をしない限り、後継者は創業者のやってきたことを可視化することはできないのです。

心配した私が「お二人が全く話をしなければ、この成長塾を受講しても時間とお金が無駄になります。後継者であるS専務は、ぜひ創業者の今までの評価の仕方、賃金の決め方を聞き取り、そして仕組みにしてください。今がチャンスです。今可視化しないと、事業承継した時にその決め方がまったく分からず、社員、特に幹部社員の人たちは後継者に反発し、辞めてしまう可能性が十分にあります。社員が納得する方法はたった一つ、創業者の今までの評価と賃金の決め方を可視化する以外に方法はありません」と、お二人に話をしました。
30分ほど話をした結果、「分かりました。次回からよく話をします」と両者に約束をしてもらいました。その後、事の重大さを分かっていただいたようで、第3講座からはお二人でよく話し合うようになっていました。その内容は、楽しそうな親子の会話ではなかったことは確かですが、第6講座まで修了し、後継者はしっかりとした人事制度をつくり上げることができました。

私もまとまって良かったと思っていたとき、S専務が発した忘れられない一言があります。

「この成長塾で社長に話を聞きながら、評価や賃金の決め方についてまとめました。そのまとめる途中で、社長が今まで経営者としてやってきたいろんな出来事も同時に聞きました。人事制度としてまとまって私も社長も一安心しましたが、私は今まで一生懸命、社長が苦労しながら経営をしてきたこの会社を引き続き守っていくことを決意しました。これから後継者として頑張っていきます」

この一言で、この会社は間違いなく大きく発展していくことを確信しました。この販売会社はその後、業界の中でトップクラスの生産性になっています。

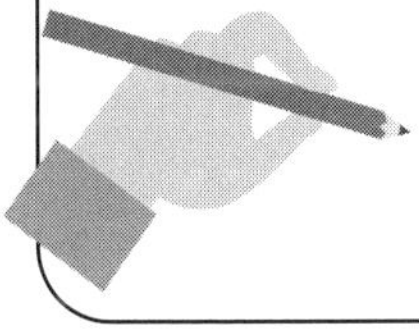

第二部　社員の成長と採用・定着率を高める仕組み

第8章　上司の指導が有効になる仕組み

1、事例

建築会社T社では上司層の社員が4人います。その4人の上司にはそれぞれ部下がいますが、上司によって部下の成長に大きな違いがあると経営者は悩んでいました。

この問題を解決するために4人の上司を管理職研修に参加させ、全員同じように部下指導ができるように学ばせました。ところが、やはり部下の成長にばらつきがあるように思えて仕方がありません。

そのため、経営者はなかなか部下が成長しない上司に対してどのように指導しているのか尋ねました。その上司は「私は他の上司と違って大変な部下を任されています。私が一生懸命指導しても、本人は聞く耳を持ちません。時に厳しく注意をしても、一向に変化がありません。それは私の問題なのでしょうか」と、あたかも部下が成長しないのは上司である自分に問題があるのではなく、部下本人に問題があると言いたげな様子でした。

経営者は「このままでは決して部下が成長することはないだろう」と、この上司から部下を外してしまおうか悩み、相談をされてきました。

私はその経営者に「上司の指導がうまくいっているかどうか、その違いは何をご覧になって判断されていますか」と尋ねました。その質問に経営者は「もちろん部下の成果の高さです。彼の部下は成果がとても低い」という回答でした。

次に、それぞれの部下の勤続年数、そして現在の年齢を尋ねました。その結果、問題視していた上司の部下は新卒2年目の社員であり、これからいろいろなことを学び、仕事ができるようになってから初めて成果が上がることを、経営者は忘れていることに気が付きました。

ここで問題なのは、部下の成果の大きさで上司の指導の有効性を判断していることです。この評価をしている以上、上司はあることを考えてしまいます。それは「できる限り仕事ができて、高い成果を上げてくれる部下が欲しい」ということです。

もし、配属された部下が全員優秀で成果が高いとしたら、果たして部下指導という業務は必要でしょうか。このことが、実は上司を評価する際の大きな問題点になっています。

別の食品卸売業M社の事例ですが、その会社で評価されている上司はとても高い成果を上げていました。しかし、これは上司本人による部下指導で成果を上げていたのではなく、もともと高い成果を上げている優秀な社員の多くを部下にしていたのです。「優秀な」と表現するのは社員のどこを見るかによって内容が変わってきますが、一般的には高い成果を上げている社員でしょう。

成果の高さは誰が見ても分かります。そのため、この上司は常に優秀な社員に就業時間外にアプローチして、異動して自分の部下にならないかと陰で交渉をしていたことが分かりました。経営者は「どうしてうちの優秀な社員は君と一緒に仕事をしたがるのか」と前々から不思議だったようです。

この上司は自身が「部下の成果の高さ」で評価されるのが分かっていたため、そうした行動をしていたのでしょう。このままいくと、どの上司も部下を指導して成長させることに真剣に取り組むことはありません。どのような研修に参加させても無理です。高い評価をしてもらえるためには、優秀な部下が自分の部下として配属されてくるようにするだけ。つまり、交渉力の高い上司が優秀だということになりかねません。

これは日本全体の問題です。上司として優秀だと評価されるためには、部下指導によって部下を成長させなければならないことを明らかにしなければなりません。

成果を上げるためのプロセス、いわゆる重要業務を遂行しているかどうか、その重要業務に必要な知識技術を持っているかどうか、そして勤務態度を守っているかどうか。これらを部下に指導することが上司の仕事です。つまり、部下のプロセスを評価する考え方にならない限り、上司は部下指導に本気で取り組みません。

ここで必要なことは、優秀な上司はどういう上司であるかを、組織全体で一つの成長シートにまとめることでしょう。全員を優秀な社員にするのであれば、上司は部下に成果を上げるための重要業務を遂行させ、知識技術を身に付けさせ、勤務態度を守るよう成長シートを活用して指導します。そして部下がそのプロセスを上手にできたら、上司の部下指導を評価する方法に切り替える必要性があるでしょう。

2、改善ポイント

上司を正しく評価できている会社はあまりありません。例えば営業所長を評価する場合、営業所全体の売り上げや新規開拓件数といった結果でその営業所長を評価しているでしょう。

これでは、営業所長の部下指導を評価していることにはなりません。

確かに上司の指導により部下の成果が上がり、結果として営業所の成果が上がったといえます。しかし、その結果を出すまでの間に重要業務、知識技術、そして勤務態度を指導してきているのです。この部下指導を評価するようにしなければなりません。部下指導も評価の対象にすることで、正しい上司評価ができるようになります。

例えば、遅刻をしている部下に対して指導した結果、遅刻をしなくなったことを評価したり、商品知識が無い部下に商品知識を身に付けるように指導したことを評価したり、営業ができていなかった部下に営業ができるように指導したことを評価します。

そしてその指導すべき点を一つの成長シートにまとめ、その部下がどれほど成長したのか分かるよう「成長点数」として点数化し、明確に把握できるようにしなければなりません。部下にとっては自身の成長が確認できるシートであり、上司にとっては部下に指導すべき内容と、その指導内容が有効か確認できるシートになるのです。

例えば、新卒社員であれば成長点数は20点からスタートします。この新卒社員を20点から30点、40点と成長させていくことになりますが、これこそ上司が部下を指導した結果です。

もちろん、この部下指導によって高い成果を上げた場合はその成果の高さを評価してもいいでしょうが、大事なことは高い成果を上げるまでのプロセスが評価されるということです。ここで上司は苦労します。一生懸命部下にプロセスを指導することになるでしょう。

このプロセスの指導が有効かどうかを判断するために「部下の伸びた成長点数」を把握できなければなりません。この部下の伸びた成長点数は、部下が勤務態度を守って成長したこと、知識技術を身に付けて成長したこと、そして重要業務を遂行して成長したこと、結果として成果を上げたことを成長点数として合計し、前回から何点増えたか確認します。

この時の部下に指導する重要業務、知識技術、勤務態度の内容はすべて同じですので、すべての部下を同じように成長させることが上司の目標にならなければなりません。

そして、この上司の部下指導が点数化されることによって、あることが分かるようになるでしょう。それは部下指導が上手にできている上司は誰かということです。

今、誰が部下指導を上手にできているかを即答できる会社はほとんどありません。今までは、高い成果を上げている拠点の長であれば部下指導が上手だろうと考えていたかもしれませんが、先ほど紹介した事例からすべてが部下指導によって成果が高くなったわけではないことはお分かりでしょう。

今後は、部下の成長点数がどれだけ伸びているか確認することで、部下指導が上手にできている上司が分かります。

例えば、部下一人あたりに対して1年間で10点伸ばしている上司もいれば、6点伸ばしている上司や4点伸ばしている上司がいることが分かるようになります。

ここで大切なことは、10点伸ばしている上司はどのような部下指導をしているかを組織全体で把握することです。他の上司と比べて伸びていない上司を叱ることはしません。

そのやり方をすべての上司に共有化することができれば、すべての上司はすべての部下を10点伸ばすことができます。その方法はすべて我が社にあるものです。

一部の上司は部下指導で悩んでいるでしょう。部下がなかなか成長しないといった苦しみを持っていると思います。

しかし、同じ会社の中に同じような部下を成長させている上司がいると分かれば、どのような部下指導をしているのか、コツや秘訣を聞いてみたいと思うでしょう。

実際に、部下の成長点数を一番伸ばしている上司から部下指導の説明を受けた他の上司たちは、部下指導の様子を目を皿のようにして見て、すぐ真似をするでしょう。同じ会社の実体験に基づいた内容のため、もちろん結果は良くなります。これがとても重要です。

この部下指導の仕方をブラッシュアップし続けることで、今まで部下の伸びた成長点数は最大10点だったのに、これが12点、13点と伸びていくようになります。この優れた部下指導の仕方を全社で共有化することで、より強い会社になることを知っていただく必要があるでしょう。

3、具体的な解決方法

中堅階層の成長シートにある「成長要素」を工夫することが必要です。中堅階層の重要業務には「部下指導」や「部下育成」、「マネジメント」と書かれる方もいるでしょう。その結果として上がる期待成果を「部下の伸びた成長点数」にすることです。これにより、部下の伸びた成長点数が高い上司は部下を上手に成長させている、優れた部下指導の仕方を持っているということになります。それを知っていただくことはとても重要でしょう。

昇給予定表（事例）

	①		②		③		④		⑤	
売上高	33億円達成		31.5億円以上達成		30億円以上達成		28.5億円以上達成		28.5億円未達成	
粗利益	8.3億円達成		7.9億円以上達成		7.5億円以上達成		7.1億円以上達成		7.1億円未達成	
営業経費	5,500万円以上削減		5,250万円以上削減		5,000万円以上削減		4,750万円以上削減		4,750万円削減未達成	
営業利益	1.7億円以上達成		1.6億円以上達成		1.5億円以上達成		1.4億円以上達成		1.4億円未達成	
昇給内容	S	7号俸昇給	S	6号俸昇給	S	5号俸昇給	S	1号俸昇給	S	昇給なし
	A	6号俸昇給	A	5号俸昇給	A	4号俸昇給	A	1号俸昇給	A	昇給なし
	B	5号俸昇給	B	4号俸昇給	B	3号俸昇給	B	1号俸昇給	B	昇給なし
	C	4号俸昇給	C	3号俸昇給	C	2号俸昇給	C	1号俸昇給	C	昇給なし
	D	3号俸昇給	D	2号俸昇給	D	1号俸昇給	D	1号俸昇給	D	昇給なし

上司の「部下指導」の評価対象はどこか？

○	
プロセス	「重要業務」ができた
	「知識技術」が身に付いていた
	「勤務態度」が守れた

△	
結果	（成果） （プロセスが良くなれば、結果が高くなる）

ポイント
（1）部下のプロセスが良くなることによって、部下の成果が高くなる
（2）上司が苦労するのはこのプロセスの指導である

	部下指導の評価	上司が求める部下像
○	部下の伸びた成長点数	未経験者 OK 新卒社員 OK
×	部下の成果の大きさ	経験者だけ OK

第9章　正しい自己育成ができるようになる仕組み

1、事例

ほとんどの経営者は社員に自己育成をするよう求めているでしょう。

ジョブ型雇用をしている欧米では、基本的に社員は自己育成しています。自分からさまざまな研修を受け、自分でスキルアップして賃金交渉をする。つまり、高い賃金を獲得するために自己育成をしています。自分の価値を自分で高める国であれば当然のこと、黙っていても自己育成をすることになるでしょう。

しかし、日本ではメンバーシップ型雇用のため、社内で学ぶことになっており、基本的にOJT（オンザジョブトレーニング）によって社員は成長します。会社で提供されている教育プログラムに従い、「優秀な社員」という最終的なゴールに向かって社員は成長していくことになっています。

その前提で経営者は「自己育成しなさい」とたびたび言いますが、言われた社員は「自己育成の意味が全く分かっていない」ことがあります。

製造業N社では、社員が自己育成と称して絵画教室に通っていました。もちろん、絵画教室に通って自分の好きな絵を描くことは、人として豊かに成長していることは間違いありません。

しかし、企業という枠内で考えたとき、絵を描くことが自己育成の一つになるかどうかは、大いに疑問です。

経営者も疑問に思い、その社員に対して「他に学ぶべきことがいくらでもあるだろう」と言いました。しかし社員はキョトンとして、「私にとっての自己育成はこれです。これをやることによって、美的感覚を研ぎ澄ませて仕事に役立てたいと思っています」と言ったそうです。経営者は二の句が継げずに頭を抱えたようです。

この問題点は「なぜ自己育成が必要か」を、この会社は説明していないことです。社員の自己育成のゴールを会社が示した上で、「自己育成は、この会社の社員として優秀になるために欠かせないものである」と説明できていないことが大きな問題だったのです。

この認識を統一しないままだと、「自己育成」という言葉を社員それぞれが勝手に判断し、別々のことに取り組むようになります。そして本当にその取り組みが社員の成長に貢献するかどうか全く分からなくなり、「思い思いに自己育成をやったところで、本当に役に立つのか」と経営者のいら立ちは続くことになるでしょう。

2、改善ポイント

社員に「なぜ自己育成が必要なのか」を、会社として説明することが必要です。社員の成長を早めるためには、ＯＪＴをはじめとする会社の教育プログラムでの学習だけでは足りない可能性があります。

特に今は、日本で初めて残業時間の上限規制が適用されました。今までは、36協定さえ結べば青天井で残業することができたのです。

もちろん、「残業をたくさんすることがいいことではない」と分かっていても、残業した分だけ社員が仕事を覚えていくことは間違いありません。しかし、現在は多くの会社が残業を減らすことに取り組んでいるでしょう。そのため、残業せずに帰る社員が増えているはずです。

会社を出た後、社員はどのような過ごし方をするのでしょうか。それはもちろん自由です。

ですが、その自由な時間の内、せめて何パーセントかは、この会社で優秀な社員になるための自己育成の時間として使ってもらいたいと経営者は思っているでしょう。

だからこそ「何をすることが優秀な社員になるための自己育成になるのか」を社員に明確に示す必要があります。それが社員の成長のゴールを示すことなのです。

自己育成のゴールは、この会社で優秀になることです。優秀な社員になるために自己育成が必要なのです。

では、我が社にとって優秀な社員とは、どのような社員でしょうか。

職種ごとに違いはありますが、高い成果を上げている、そのためにやるべき重要業務をやっている、その重要業務をするために必要な知識技術を持っている、そしてこの会社の社員として守るべき勤務態度をしっかりと守っている社員でしょう。

この優秀な社員像を明らかにすることによって、社員はいろいろなことが分かります。

例えば、一般階層のときに、我が社にはさまざまな職種があり、自分で所属している職種以外にも他の職種があることを知るでしょう。

そして、各職種の優秀な社員像を明らかにすることで、それぞれの職種に必要な知識技術は何であるかを前もって知ることができます。いつかは別の職種に教育配転で異動する可能性は十分にあります。このときもし前もって学ぶことができたらどうでしょうか。その職種ではどのようなことを学べばいいのか事前に知っていれば、優秀な社員像に近づくスピードは速くなります。

また、他の職種のやるべきことが分かれば、社員はそれを積極的に身に付けるための準備をするかもしれません。そういった内容が記載されたマニュアルを作成している企業もあるでしょう。

優秀になるための知識技術を学ぶこと、重要業務を遂行できるように積極的に取り組むことは、社員の人生をより素晴らしいものにします。自己育成という言葉を使う会社は、一般階層での優秀な社員のゴールが分かる成長シートを、職種ごとに必ず作成しなければならないことに気が付かなければなりません。

3、解決方法

自己育成のために活用する成長シート

	自己育成のゴール	ポイント
○	職種別・階層別の「成長シート」	全社員が共通に目指せる
×	経営者のイメージ	社員はバラバラに理解する

	優秀になる方法	結果	賃金
「成長シート」	プロセスが明示されている	成長する	増える
社員のイメージ	自分で考える	不明	不明

解決方法は、職種別・階層別にこの会社の成長シートの種類を明らかにして、その成長シートをすべて社員が閲覧できるようにすることです。これはとても重要です。

そして、この会社には一般階層・中堅階層・管理階層があることも明らかにしておかなければなりません。

最近、「役職に就きたくない」という社員の問題を相談されることが増えていますが、これは入社の段階でこの説明をしなかったことが一つの原因だと考えています。

40年間仕事をする中で、いつかは人を育てる中堅階層や、経営者と一緒になって経営をする管理階層にステップアップしていくこと、そしてそのためには役職に就くことを前提として成長するということを、事前に説明しておく必要があります。

このように、入社の時点でさまざまな職種があること、一般階層・中堅階層・管理階層という3階層があること、そして40年かけてステップアップしていくステップアップ基準を明確に説明することがとても重要になりました。

コラム
5

「求める社員像」を突き詰めると不思議なことが起きる

飲食業を営んでいるN社長は、優秀な社員を可視化することにとても悩んでいました。

当時、N社長が優秀だと思う社員は、確かに現在勤務している社員の中にいました。その社員は独立志向が高く、残業も自ら買って出るし、場合によっては休日出勤もいとわず協力してくれます。どんなときも決して嫌な顔をしませんので、N社長からすれば「こんな社員ばかりだったら私は助かる」という正直な気持ちがあるのです。このような独立志向の高い社員によって会社は支えられているとさえ感じていました。

しかし、成長塾では優秀な社員を可視化して成長シートをつくりますが、可視化する目的は継続した社員の成長と業績の向上です。果たして、いつかは辞めてしまうこの独立志向の高い社員をモデルにしてつくっていいのかどうかで悩んでいました。

「残業もいとわないし休日出勤も嫌な顔をせずにする」。このような社員を、我が社の優秀な社員として可視化することは重要だとまとめていたとき、N社長はあることに気が付きました。

社員が独立を目指すことは、それはそれで

いいことだと思っていたはずでしたが、突き詰めてみると、できれば「そういった社員ほど我が社に定着してもらいたい」という思いに至ったのです。

その話を、独立志向の高い社員に説明し、定着する気はないかと打診したところ、「最初から独立する気持ちで入社したので、やはりすべてのことが身に付いたら独立します」と、意志は固いものでした。もっとも、その強い意志が今までの仕事への姿勢につながっていたのでしょう。

そしてこの件以来、N社長の採用の仕方は全く変わりました。

「この会社に入社する人は、私と一緒に飲食業の仕事を通して多くのお客様に喜んでいただける、そんな会社を発展させていきたい思いを持つ人であってほしい。そういった人を採用しよう」と、N社長は考えるようになったのです。

その後は、募集の際に「独立することを目的とせずに、ぜひこの会社で私と一緒に会社を発展させていってください」という話をしたところ、それからは独立を考える社員ではなく、この会社で一緒に成長したいと思う社員が入社するようになりました。

「成長塾で優秀な社員像を可視化することができてからは、社員が定着し一緒に成長していくことをしっかりと説明でき、思った通りの社員を採用できるようになりました。その想いを説明できる資料ができたからです」

この説明ができる資料が人事制度だったことは、N社長にとっては驚きだったそうです。

第10章　社員が高い目標を掲げるようになる仕組み

1、事例

製造業P社の経営者は「社員が高い目標を設定しない……」と嘆いていました。この経営者の悩みは一般的なものかもしれません。

常日ごろから、社員には自分で目標を設定して挑戦してもらいたいと思っています。しかし、社員が考えた目標は、経営者の立場からするとあまりにも低すぎてとても挑戦している数字とは思えないのです。

経営者自身は創業の時から常に周りが止めるような高い目標に挑戦してきたことでしょう。それが現状の会社の基礎になっていることは間違いありません。万が一、経営者が低い目標設定で経営をしてきたとすれば、何も挑戦しないし、何も新しい取り組みをしないまま、何年経っても事業規模は拡大してこなかったでしょう。

経営者は実体験として、これまで高い目標に挑戦してきたために、あまりにも低い社員の目標に対して半ば腹立たしい思いを抱いているのかもしれません。そのため、この経営者は社員に対してノルマを課しています。

そして、そのノルマを実現するために上司にしっかりと指導するように指示していても、そのノルマを達成できる社員はなかなかいません。

経営者は、「このノルマを課したやり方は多くの会社でやっており、この制度そのものが問題だとはとても思えない」と考えていました。

社員に目標の低さを指摘すると、平気な顔をしてこう言うのです。

「高い目標に挑戦する気持ちはあっても、その目標に到達しなければ上司に叱られます。高い目標を設定して挑戦すること自体が上司に迷惑をかけると分かっているので、自分の身の丈に合った目標を掲げて進めていきたいのです」

この言葉に対して、情けないやら、何を考えているのやら、全く手の施しようがないと経営者は万事休すという気持ちになりました。

目標が高くない社員が成長しないのは明らかです。

私たちはいろいろな場面で、会社以外のところでも常に高い目標を掲げた人間が成長している様子を見てきました。それはスポーツでも芸術でもどのジャンルでも同じです。

自社の社員があまりにも目標が低いことに対して、その社員の将来を危惧することは、経営者ならば当然のことでしょう。

この問題は、実は日本全体の問題といえます。それは目標管理制度そのものが完全に疲弊していることに他なりません。

本来、目標管理制度を取り入れている会社であれば、社員が常に高い目標を掲げて挑戦している、熱気のある職場をイメージさせますが、その実態は、なぜか逆で殺伐とした雰囲気なのです。

それは、やりたくないノルマを会社から割り振られ、そして達成率で評価されるため、なかなか達成できない社員は上司から厳しく叱責されるという悪循環に陥っているからです。

いつの時代でも、目標というものは輝かしいものです。目標の向こうには自分の実現したい未来が必ず見えて、そこへ向かっていきます。しかし、この目標管理制度ではその輝かしい未来にはつながりません。達成率で評価される限り、抑えた目標にしかならないのです。

現在の目標管理制度を取り入れている会社は評価項目に達成率を使っていることは間

違いありません。その達成率が社員の目標設定に大きな制約を課しているのです。

それでは、この問題を解決する方法をこれから説明していきますが、その前に一つだけ大切な話をしましょう。

それは目標管理制度を取り入れ、達成率で社員を評価しても、達成率で昇給・賞与を決めている会社は一社もないということです。

例えば、今、１０００万円売り上げているA社員が次は20パーセントアップの１２００万円を目標にしたとします。

現状の売り上げが１００万円のB社員は同じように20パーセントアップの１２０万円に目標設定したとします。

１年後にA社員は１１００万円で、目標達成率は約90パーセントでした。

目標未達成のため叱責を受けるでしょう。

B社員は、１２０万円を売り上げて目標達成率は１００パーセントです。

大いに褒められるでしょう。

しかし、目標達成率の評価そのもので昇給・賞与を決めている会社があるでしょうか。

それは一社もないのです。

A社員とB社員、どちらの昇給・賞与が多いかを経営者にお尋ねしても、例外なくA社員の方が多いと答えるでしょう。もしこの昇給・賞与の決め方を間違っていたら、この会社は存続できていません。

経営者が達成率で昇給・賞与を決めているのではなく、実績で決めているのが実態だからです。

このことを知ってもらうことで、目標達成率の問題を解決することができます。

2、改善ポイント

社員が高い目標を掲げるのが当然である前提で仕組みをつくる必要があります。

現時点では、社員の成長を評価するために目標管理をしていると言いつつ、実際はノルマを課してその達成度合いで評価をしています。

目標管理をする以上、高い目標が不利になることは一目瞭然です。

このまま目標管理制度を導入していたら、社員は無理な目標をノルマとして課され、「課された」というイメージのまま仕事に取り組めば「最初から無理な目標だ」と考えざるを得ないでしょう。

この無理だという数字を実現するための方法を的確に指導している会社もあまりありません。与えられた高いノルマという目標を実現するにはどうしたら良いか、それについては「自分で考えなさい」と言う会社すらあります。

これでは、社員は最初からこの目標を実現するのが無理であると意識して仕事をすることになるでしょう。

最初は会社に対して納得できないと言ってきた社員も、その言い分が受け入れられることはなく、そのうち形骸化していくことになるでしょう。これでは目標管理制度が社員をダメにしていることになります。ましてや、この目標を課しているのが上司だとすれば、達成率が低い最大の責任は上司が取らなければいけないということになります。

しかし、そういったことを考えている会社はありません。

実現できなければ、それは社員の責任になってしまいます。

社員は賃金の決め方について詳しく説明されていないことが多いため、その達成率が低いことは自分の昇給・賞与を決めるときに大きな影響を受けると考えるのが一般的でしょう。

先ほど事例で申し上げたように、実際には達成率は昇給・賞与に影響していません。

それ以上に問題なのは、社員が高い目標を設定しないことは、この会社での成長を諦めたに等しいことです。

この会社での成長は、一般階層、中堅階層、管理階層と成長していくことです。最初は自分に適性のあるプレーヤーの仕事を選んでこの会社に入ったとしても、いつかは中堅階層にステップアップし、一般階層のプレーヤーの仕事で成長したそのやり方を自分の部下に教えていき、そして部下を成長させて拠点全体の成果を上げることになります。

管理階層では経営者と一緒に世の中に貢献できる大きな会社として発展させることを考えていくような仕事内容になっていきます。

最終的な社員の目標は、この会社を通じて世の中に大きな貢献をすることであるはずです。

それほど素晴らしい大きな目標に向かうはずの社員が、目先の小さな目標で悩んでいること自体、社員の成長の大きな阻害要因になっていると言わざるを得ません。

うすうす気が付いてはいるが、他の会社でもやっていることなので、うちでも問題ないと考えていること自体が問題です。

社員は、高い目標を設定しなければ絶対成長しません。社員が成長するためには高い目標を掲げること、そしてこの掲げた目標に近づいていたとしても、決して達成率で評価しないことがとても重要です。

仮に20点の社員が目標を80点にしたとしましょう。そして、この社員が1年経って40点になった時に、40点÷80点で50パーセントと、達成率で評価するのではなく、この社員が20点から40点になった、その40点の点数で昇給・賞与を決める仕組みが必要になります。

人事制度による成果の確認と賃金

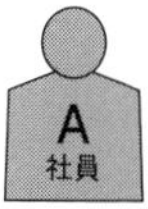

通常の会社のＡ社員の評価と賃金（目標管理制度がある）

	初年度	２年目	３年目	４年目	５年目
目標	80点	45点	46点	47点	48点
実績	40点	45点	46点	47点	48点
達成率	50%	100%	100%	100%	100%
昇給 賞与	低	低	低	低	低

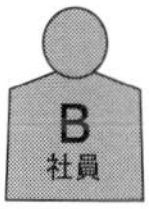

正しい人事制度がある会社のＢ社員の評価と賃金

	初年度	２年目	３年目	４年目	５年目
目標	80点	80点	80点	80点	90点
実績	40点	50点	60点	70点	80点
昇給 賞与	低	低	中	中	高

ポイント

（1）Ａ社員とＢ社員のどちらが成長するでしょうか？

（2）Ａ社員とＢ社員のどちらが年収が高くなるでしょう?

3、具体的な解決方法

この問題を解決するためには、社員が高い目標を設定しても、不利にならないことを明確にすることです。

まずは、高い目標を設定した社員がどれほど成長したのか、その実例を示します。

高い目標を設定させるためには、チャレンジする意欲を社員に持たせることが必要ですが、すべての社員がその意欲を維持できるとは限りません。

しかし、例えば同じ20点からスタートして、30点になった社員と40点になった社員を比べたときに、30点になった社員の目標は40点、40点になった社員の目標は100点だったと説明します。そうした目標設定と実際の点数を比べるようなデータを繰り返し社員に見せることで、高い目標を設定した社員が成長することが分かるようになります。

また、高い目標を設定している社員に自分の成長状況を説明させると、他の社員たちにいい影響を与えます。目標の低い社員は「高い目標を設定してしまうと大変だ」という意識がとても強いのです。高い目標を掲げた社員にも確かにその意識はあったとしても「自分の将来的な目標を実現するためには挑戦したい気持ちが強い」というとても重要な話をしてもらうのです。

そして高い目標を掲げ、高い実績を上げたときに、その点数によって昇給・賞与が決まることを明確にする必要があります。

社員の点数によって昇給・賞与が決まるということが明確に仕組み上で説明できなければなりません。

それによって、点数が高まると昇給・賞与がどう変わるかも明確に仕組みで分かるようにする必要があります。

もっとも、昇給・賞与の大きさは会社全体の業績が良くなることが大きな要素となりますので、そのことも同時に分かるようにする必要があります。

第11章　教育効果が目に見えて上がる仕組み

1、事例

ビルメンテナンス業A社の経営者からあった相談です。

その経営者は、社員にさまざまな研修を受けさせていること、部下だけではなく上司の研修もあること、そして社外の研修だけではなく社内の研修にも当然力を入れていることなど、これまで多くの教育投資をしてきたことを説明してくれました。

「一人当たりの教育投資は30万円です」という話を伺いながら、中小企業でもこんなに真剣に社員の教育をしている会社があるのかと、私は驚きました。

しかし、経営者はその教育の効果があったかどうかが分からないことを悩んでいました。

研修のたびに受け取る社員からの報告書には、必ずといっていいほど「この研修が役に立った」ということがつづられている。それに加えて「自分が成長し、会社全体の業績に大きく貢献できるようになります」という文言が書いてあることもあり、経営者とすればその都度うれしい思いをしてはいるけれど、果たしてその研修が本当に会社の業績に大きく貢献しているのかどうかは、なかなか判断できないというのです。

これは決してこの経営者だけの悩みではないでしょう。

政府全体で教育投資という言葉を頻繁に使うようになりました。もともとそういう言葉は存在していましたが、政府がこれほど社員の教育に対して力を入れようとしていることは、近年類を見ない動きだと思います。

「社員に成長してもらいたい」という思いから、多くの経営者は教育投資をすることは当たり前だと考えているでしょう。しかしそれと同時に、「限られた原資を有効に活用したい」という思いがもちろんあるはずです。

ところが、その教育投資の効果がどれだけあったのかを明確に答えることができる経営者はそういないことは分かっています。こうした相談が多くあるからです。実際に効果があるのであれば、相談などせずに教育投資をどんどんするでしょう。

しかし、教育の効果は出るまでに長い年数がかかります。場合によっては2年後3年後に効果が出るものもあるでしょう。そう言われると二の足を踏むかもしれませんし、それでも効果が出るのであれば、それをよしとする経営者もいるでしょう。どの道、すぐに効果があるかは分からないというのが現状です。

2、改善ポイント

教育とは、何をするのでしょうか。まずは、それを明確にすることです。仕事ができるように教育することもあるでしょうし、そのために必要な知識技術を学ばせるということもあるでしょう。

しかし、実際に学んだことがこの会社の中で発揮され、その社員の成果が今まで以上に高まっていかなければ、教育効果があったという判断はできません。

もちろん、教育の効果はその社員が上げている成果の大きさで判断するのでしょうが、学んだことがストレートにその成果につながっているかという判断も必要になります。これが明確になっていなければ、「いつかは効果が出るはず」という憶測のもとに多大な教育投資をすることになるでしょう。

実際に成果が上がっていたとしても、それは社員の成長ではなく、環境の変化によって成果が上がった可能性もあります。

そういったことを踏まえながら、事例の経営者の悩みのように「本当にこの教育は効果があるのかどうか」ということが判断できるようにならなければ、教育投資をするための原資が少ない中小企業は、なかなか思い切った教育投資ができないというのが現状でしょう。この問題を解決しなければなりません。

3、具体的な解決方法

この問題を解決するためには、まずは社員を教育するための要素（=成長要素）が明確になっていなければなりません。それぞれの職種には上げるべき成果があり、それはライン職もスタッフ職も同様で、その成果を上げるために何が必要なのかを明確にしていくのです。

その答えは、我が社の中にあります。

高い成果を上げている社員がどのような重要業務をしているか、そして、その重要業務をするためにどのような知識技術が必要なのかを明らかにするのです。これらのことを明らかにしなければ、教育投資はできないと考えてください。

教育の効果の段階

		成長基準				
		1	2	3	4	5
期待成果	結果					
重要業務	プロセス	→	→	→	→	
知識技術	プロセス	→	→	→	→	
勤務態度	プロセス	→	→	→	→	

※段階的に効果が出る

最初に、重要業務に紐付いている知識技術を明らかにすることからスタートしなければなりません。

学校であれば、「将来社会に出たときに役に立つ」という曖昧な説明のままさまざまなことを学びますが、会社の学びはそれではいけません。何かの知識技術を学ぶということは、「その学んだことが、関連した重要業務を遂行するための役に立つ」ことでなければならないのです。

例えば、商品知識を学ぶことが営業活動の役に立たなければ、社員も真剣に学ぶことはないでしょう。ですから、それを明らかにしておかなければなりません。

高い成果を上げている社員が行っている重要

業務があるはずです。その重要業務ごとにどのような知識技術が必要なのかを明らかにするのです。それが明らかになることで、社員は何を学んだらいいのかはっきりと分かります。

その知識技術に対して教育投資をするのです。

ただ、この段階で、教育投資には費用が必要ないということが分かるでしょう。

我が社には組織原則2：6：2があり、優秀な社員とそうでない社員がいます。これは、成果が違う以前に、勤務態度を守っていることの違い、知識技術を持っていることの違い、重要業務を遂行していることの違いがあるということです。

それが明らかになったとすれば、次は我が社の優秀な社員をモデルにして成長シートを作成します。そして、その優秀な社員と同じように勤務態度を守れるように指導し、知識技術が身に付くように指導し、重要業務が遂行できるように全社員を指導すればいいのです。

これは外部の人間にはできません。我が社の優秀な社員が、まだ成果を上げていない社員に自分のやり方を教えることになるでしょう。

ここには費用は発生しません。つまり教育投資0円のまま、社員の成長を促進することができます。費用をかけて社外から学ぶ必要はないのです。

そして、社員の成長確認についても成長シートを活用します。知識技術が身に付いたことが成長基準で分かります。重要業務が遂行できたかどうかも成長基準で分かります。そして、その成長度合いはすべて前回の成長点数と比較することによってはっきりするのです。

教育投資0円の社内教育の中でも、研修が終わった後で社員の成長点数が伸びたことを確認することで、教育効果があることを明確にできます。

このことによって、すべての社員が学ぶことの重要さを知り、その学びは「優秀な社員のやっていることを真似る」ところからスタートすることが分かります。

そして社員は成果を上げるための学び方が分かっただけではなく、実際に知識技術を習得し、重要業務を遂行することによって成長点数が伸び、自分の成長度合いが分かります。

つまり、教育効果があることを会社全体で把握できるのはもちろんのこと、社員自身も実感できるのです。

このように教育投資の改善と測定をするためには、成長シートをつくって優秀な社員が何をしているのかを明らかにするのです。そして、成長基準を5段階で示した場合、1点、2点、3点、4点、5点と、学びながら一段ずつ階段を上がるように成長していけばいいことを社員に説明できるでしょう。そうすることで、社員は徐々に成長していくようになります。

成果を上げるためには決して無理に学ぶ量を増やす必要はないことが分かります。成長を点数で示すことが大事なのです。

そして最も大事なことは、社員がこの会社でどれだけ成長したか確認できる成長等級をつくることです。

この会社での教育によって、一般階層を卒業し、さらにいつか中堅階層を卒業して、最終的な管理階層という成長階層に行けるのです。このことが明確になっていることが重要になります。

成長点数の増え方

成長シート（1年目）

成長要素	ウエート		5段階評価
期待成果	2	×	1
重要業務	4	×	1
知識技術	6	×	2
勤務態度	8	×	3
合計			42点

▶

成長シート（2年目）

成長要素	ウエート		5段階評価
期待成果	2	×	2
重要業務	4	×	2
知識技術	6	×	3
勤務態度	8	×	4
合計			62点

成長シート（3年目）

成長要素	ウエート		5段階評価
期待成果	2	×	2
重要業務	4	×	3
知識技術	6	×	4
勤務態度	8	×	4
合計			72点

▶

成長シート（4年目）

成長要素	ウエート		5段階評価
期待成果	2	×	3
重要業務	4	×	4
知識技術	6	×	4
勤務態度	8	×	4
合計			78点

成長シート（5年目）

成長要素	ウエート		5段階評価
期待成果	2	×	4
重要業務	4	×	4
知識技術	6	×	5
勤務態度	8	×	5
合計			94点

▶

成長シート（6年目）

成長要素	ウエート		5段階評価
期待成果	2	×	5
重要業務	4	×	5
知識技術	6	×	5
勤務態度	8	×	5
合計			100点

コラム 6

社員の成長には「褒める」「叱る」どちらがいい？

「中小企業で優秀な社員を採用することは無理であり、あまり期待しすぎると、かえって経営の足枷になるので、入社してきた社員にはあまり期待しない方がいい」と、輸入品販売業をしているI社長は考えていました。

ある時、このI社長が社員の問題行動を注意したところ、その社員は注意されたことに腹が立ったようで、隣の部屋に行って手に血が滲むほど壁をガンガン叩いていたそうです。もちろん、この会社の壁を叩く行為も注意しましたが、こうした社員ばかりでは、社員を成長させるなんて考えられないと、諦めてしまうのも仕方ありません。

しかし、「小さな魚屋は優秀な社員は採用できなかったが、それでも社員を成長させた」という話を聞き、半信半疑ではありましたが「成長塾で人事制度をつくろう！」と一大決心をしてI社長は成長塾を受講されました。

実際に成長塾を受講された後、このI社長は次のように語ってくれました。

「社員の小さな成長を認めることが大事であると聞いて、まさに目からウロコの話でした。私は経営者として心の中では優秀な社員が入社することを期待していましたが、それ以前に社員を成長させることについて真剣に考えていませんでした。そのためには小さな成長を認めることが大事であることを、この人事制度をつくる中で理解することができました」

「小さな成長を認めることがさらなる社員の成長になり、善の循環になることはその通りだと思い、仕組みをつくって社内で実践するようにしました。その結果、私が問題だと思っていた社員はいいところをたくさん持っていることが分かりました。そのいいところを認めたことで、社員は私が思っていた以上に成長するようになりました」

「すべての社員は成長する種を持っており、その種に水をやるのは経営者である私の仕事であることを知りました。それによって私は今、優秀な社員を求めるのではなく、社員を優秀にするために楽しみながら取り組むことが経営者の大事な仕事であることを知りました。これほど社員に寄り添った経営ができるとは思っていませんでした。これが自分の想いであり、これからも実践していきたいと思っています」

第12章　社員がどんどん挑戦するようになる仕組み

1、事例

印刷業F社の経営者は「これは最近の傾向なのか」と、とても残念そうに相談に来られました。

どのような相談かというと、新しいことに挑戦する社員が一人もいないということです。

環境が変化すればするほど、現場には新しいニーズが生まれています。「すべての答えは現場にある」と、現場で新しいニーズをとらえて企業は発展してきました。

相談に来られた経営者も、当時のニーズに合った形で事業を立ち上げ、ここまで業績を向上させてきました。もう既に60歳を過ぎて新しい後継者にバトンタッチをすることを考える年になっています。

しかし、企業寿命30年説ということがあるように、これから採用する社員が一人前になり、経営者と一緒に世の中に貢献できるようになるころには、現状のビジネスモデルが古くなっている可能性があります。新しい事業に着手しなければならないという危機感を常に持っていました。

ところが、経営者が新事業を立ち上げようと幹部会議で話をして、挑戦する人を募ったところ、全員下を向いて手を挙げなかったので経営者は大きな声で怒鳴ったそうです。

「ここにいる幹部が、私が考えているこの事業に誰も挑戦しようとしないというのはどういうことなのか。私は近い将来引退することになる。私がまだこの社長の席に座っている間に新しい事業に取り組んで、少なくともそれが利益を出すところまで見届けてから引退したいと思っている。なのにそれを誰もやらないということは、私が引退したらこの会社は終わりということか！」

興奮の度合いはピークに達していたようで、もうその後は自分で何をしゃべったか分からないと、笑いながら話をしてくれました。

本当に幹部の皆さんは新しい挑戦に向き合うことを嫌がっていたのでしょうか。私にはそうは思えないのです。

私はもともと社会に出た時から幹部としての扱いを受け、社長室と人事部を担当していました。そして、経営者同士の会合の場にもたくさん同席してきましたが、その頃からこの問題はクローズアップされてきたのです。時代は繰り返しているとしか言いようがありません。

それは、当時、経営者たちの研修に参加したときのことです。ある経営者が、同席していた幹部に対して「どうも当社は挑戦しようとしない幹部が多い。あなたも同じだよね」と言い、幹部の方が辛そうな顔をした場面がありました。

その経営者が中座したときに、幹部の方の隣に座っていた私が「幹部の皆さんが挑戦をしないのはなぜか」と聞いたところ、その方はこう言いました。

「去年、新しい事業を立ち上げてA部長が挑戦しましたが、うまくいかずに撤退することになりました。A部長は責任を取らされて賞与が半分になったのです。彼には大学生の子どもが2人いて、半分の賞与ではとても生活することができないと何度も繰り返し言っていました。

その話を聞いた幹部たちは、新規事業で失敗した場合、賞与が半分になるという事実を知った以上、挑戦することは難しい。ましてや家庭があって、子どもが教育費のかかる年頃であればとてもそのような挑戦はできないという、リスクヘッジをした判断なのです」

つまり、挑戦の結果、賞与が半分になる可能性があると知った以上、前向きに挑戦することはできないと幹部の人たちは判断したのです。

しかし、もともと新規事業に成功する割合はよくて3割でしょう。その中で、挑戦をやってみたいという気持ちがあってもできないという社員の気持ちを理解する必要があります。

この事例のF社も以前新規事業に失敗し、挑戦した社員の賞与を低くしていました。これでは新規事業に手を挙げる社員はいないでしょう。

2、改善ポイント

この問題を解決するためには、「新規事業に取り組むときは失敗しても処遇に反映させない」ことを明言する必要があります。

新規事業の成功の確率が100パーセントであればいざ知らず、もし30パーセントであるとすれば10やって7つは失敗します。当然、優秀な人が新規事業に取り組むのが一般的ですが、その優秀な人が挑戦してもうまくいかなければ、それは仕方のないことだと判断しなければならないでしょう。

新規事業に挑戦して失敗しても処遇に反映しないという仕組みさえつくってもらえれば、社員だろうが幹部であろうが、手を挙げて挑戦することは間違いありません。

私は前勤務先で、新規事業の責任者として寿司事業を立ち上げました。このとき、万が一、この新規事業が失敗したとしても参画した社員の処遇（昇給・賞与）をマイナスにしないことを経営者に承諾を得た上で、新規事業に取り組んだのです。

「私はまだ子供が小さいので、もし失敗して賞与が半分になったとしても生活ができます。

しかし、もし子供が高校生や大学生の社員であれば、学費が相当かかります。失敗して賞与が半分になるのであれば、とてもそれに挑戦することはできません」

このように話をして経営者に理解してもらってから、新規事業に取り組みました。

ありがたいことにこのときの挑戦はうまくいき、最初の店舗から黒字になったため、大いに評価を高めました。これもマイナス処遇をしないということを全社員が理解したために、経営者も驚くようなとても高い目標を掲げて挑戦したからです。このことは今でも覚えています。

新しい事業の場合、当然優秀な社員のモデルがありません。初めての仕事に取り組むことになります。必要な知識技術も我が社で初めて習得する内容になります。とても難しい仕事になりますが、失敗しても評価を処遇に反映しないと分かれば、誰もがこの新しい事業に挑戦してみたくなるでしょう。

そのために、まずこの新しい事業に取り組む人たちの処遇は、例えば、「これから1年間は今までの成長点数で昇給・賞与を決める」というように、明確にしておかなければなりません。これによって、社員は自分の昇給・賞与は一切下がらないということが分かります。ただし、この昇給・賞与の大きな要因は会社全体の業績です。業績が厳しいときにはいくら成長しても昇給・賞与が下がる可能性があるということは、必ず前もって説明されていなければなりません。

そして、この新しい事業を遂行するために使うシートが**「チャレンジシート」**になります。チャレンジシートは通常の成長シートとは違い、目標値が書かれています。その目標値を実現するために、何をしたらよいかということを明確にこのシートに書き込みます。そして、そのために必要な知識技術は何であるかということがわかります。それに向かって新しい事業に参画した社員が全員で取り組むことになります。

このチャレンジシートは、社員が自ら考えて設計して活用することになりますが、「失敗してもマイナス処遇されることはない」と分かった社員の目標値がどれほど高いものか、実感してください。

3、具体的な解決方法

昇給・賞与を決めるときには、この成長シートの成長点数でストレートに決めることを明確にしていれば、仕組み上で社員にも分かりますので安心です。しかし、新規事業に関しては、失敗してもマイナス処遇しないことを仕組み化しなければなりません。

先述したように、新しいことに挑戦するときには既存事業で優秀な社員が配属されることが一般的ですので、配属される前の成長点数で処遇を決めることを約束します。

もし配属前の成長点数が80点であるとすれば、これから1年間はこの成長点数80点で昇給・賞与を決めることを約束するのです。新規事業に挑戦して、チャレンジシートの点数が仮に60点になったとしても、これはその社員の新規事業での成長度合いが60点であるということが明確になっただけで、決して60点で昇給・賞与を決めないということです。

そしてもし新規事業が成功し、チャレンジシートで80点以上とれたのであれば、そのときはチャレンジシートでのプラス分の評価を処遇に反映させるのです。

それさえ明確にしていれば、社員はこの新しいチャレンジシートに基づいて新しい事業に取り組むでしょう。それも笑顔で、です。こんなに楽しいことはありません。人生の中で新しい事業に取り組めることが何回あるでしょうか。

この新規事業での処遇の決め方が仕組みになっていれば、新規事業に取り組む際、次のようなことになるでしょう。

それは「この新しいことに挑戦する人はいますか」といったときに、次から次と手が挙がり、口々に「やりたい！」とチャレンジするようになります。それは社員が挑戦できる仕組みがここにあるということを示します。

万が一、社員が手を挙げないとすれば、社員はこの会社は成長すること、挑戦することを評価しない会社であると考えていることになります。マイナス処遇しないことを明確に説明するだけではなく、仕組みにしなければならないのです。

新規事業に取り組む社員の処遇の決め方

A 社員

チャレンジしたＡ社員
既存事業の評価

	ウエート	評価
期待成果	2	4
重要業務	4	4
知識技術	6	4
勤務態度	8	4
	計	80 点

＋

新規事業に
挑戦し、
失敗して大きな
損失が発生した
が、マイナス
評価はしない

▶ 80点

B 社員

チャレンジしなかったＢ社員
既存事業の評価

	ウエート	評価
期待成果	2	3
重要業務	4	3
知識技術	6	3
勤務態度	8	3
	計	60 点

＋

今回は挑戦せず
失敗もなかった

▶ 60点

B 社員 ▼（60 点）　A 社員 ▼（80 点）

	20 点	40 点	60 点	80 点	100 点
賞与	15万円	20万円	25万円	30万円	35万円
昇給	3,000円	3,500円	4,000円	4,500円	5,000円

※チャレンジした社員の賃金は
既存事業の成長点数で決める
ことがポイントです

第13章　自社にマッチングした社員を採用する仕組み

1、事例

食品卸売業T社からの相談です。

経験のある社員を中途採用しました。面接で話を聞くと、とても高い成果を上げているということで、経営者からすれば嬉しくなるような応募者でした。やるべきこともしっかりやると言いましたので、高賃金がふさわしい社員だと十分納得して採用しました。

入社後のその社員は、我が社のやり方とは違うやり方で仕事をしていますが、高い成果を上げていることは紛れもない事実で、上司もその成果の大きさに驚いていました。

しかし入社から数か月が過ぎたころ、問題が浮かび上がってきました。それは上司の指示命令に従わないということです。

我が社は常に組織一丸となって活躍する会社だったため、上司の指示命令に従わない社員は一人もいません。

ところが、この社員は高い成果を上げることがすべてだと考えているようで、上司の注意にも従わないことが散見されるようになったのです。そのような態度が続いたため、上司は音を上げてしまいました。「社長、もうこの社員の面倒は見れません！」とその社員を異動させるよう、懇願される始末です。

そればかりか、他の社員からもこの社員に対する不満が出るようになりました。この会社では、社員同士の挨拶やお客様との挨拶は笑顔でしようということを励行しており、このことを守らない社員はいません。ですが、この社員は社員同士の挨拶を無視し、お客様からも時々挨拶ができていないと指摘されていました。

しかし我が社ではこの社員が高い成果を上げているために、どうしてもそのことが注意できないでいます。このまま行くと、我が社では高い成果を上げていれば勤務態度が悪くても良いという間違った常識が蔓延しそうな気がします。もともと優秀な社員は、しっかりと会社の守るべきことを守ってくれる、それが当然だと思っていましたが、間違った社員を採用してしまったことに1年経って気が付きました。

この問題を解決することができなければ、職場の雰囲気が悪くなることは目に見えて分かります。高い成果を上げていることは素晴らしいと思いながらも、この社員には退職してもらうことにしたそうです。

2、改善のポイント

この事例のようなことを二度と発生しないようにするためにはどうしたらよいか考えなければなりません。

社員を採用する際には、我が社にふさわしい社員となるような人物を採用することが明らかになっていなければなりません。

日頃、我が社にふさわしい社員であるかということについては、あまり考えたことがないかもしれません。特に中途採用であれば、即戦力を求める傾向があり、高い成果を上げられれば優秀であり、我が社でも活躍できるであろうと考えるのが一般的です。

しかし、我が社で長い間高い成果を上げ続けている社員は、あることを守っていることに気が付く必要があります。それは、我が社の経営理念です。

我が社はどういう考え方を持った会社であるかということを、何らかの形でまとめていると思いますが、それが守れない社員は到底この会社にふさわしい社員とはいえません。

そうはいっても、経営理念そのものが抽象的であり、具体的にそれを守れる社員かどうかということは明確には分からないでしょう。

それでも、我が社の中で社員に日常的に注意をしていることがあるはずです。「責任感を持って仕事をしてください」「協調性のある仕事の仕方でお願いします」「積極性を持って仕事に取り組んでください」「笑顔で挨拶してください」というような、さまざまなことを指導していると思います。

これは、我が社の経営理念を守るためにはこのような社員でなければならないということを意味しているのです。これらのことが守れない社員は、常に上司から指導されることになります。この、「我が社で常に注意をしていることは何か」をまとめなければなりません。

その基となるのが我が社の経営理念だといえるでしょう。

そして、在籍している多くの社員がその内容を守っていることで、組織風土、企業文化が形成されているのです。

我が社で「守らなければならないこと」を明確にして、もし試用期間中に守れなかった場合、本採用はできないことを入社前の段階で説明しておく必要があります。守れない社員は本採用をしないという判断が必要でしょう。

3、具体的な解決方法

我が社にふさわしい社員を採用する簡単な方法があります。それは入社した社員をどのように成長させたいかを明確にすることです。それが実は「成長シート」の役割といえます。

成長シートは職種別・階層別に我が社の優秀な社員をモデルにして作成します。そのモデルになった社員の４つの成長要素を明らかにしています。

優秀な社員はどのような成果を上げているのか。
その成果を上げるためにどのような重要業務を行っているのか。
その業務をするためにどのような知識技術を持っているのか。
守っている勤務態度はどのようなものか。

この4つのことを具体的にし、1つのシートにまとめて明らかにしておかなければなりません。

これは社員の成長のゴールを示しており、この成長のゴールに向かって社員は成長していくことになります。優秀な社員をモデルにしてつくりましたので、既に優秀な社員は80点以上の点数が取れることが前提です。

そして中途採用時には、我が社で優秀な社員とはどのような人物かをこの成長シートを見せて説明します。どのような成果、重要業務、知識技術を評価するのか、そして最後に企業として守って欲しい勤務態度について説明しなければなりません。

成長シートは、我が社に入社してから目指してもらう成長のゴールですが、中途採用の面接時にこの成長シートを示せる企業はほとんどないといえるでしょう。

今後は成長シートがあることで、中途採用する社員に対して正しい評価をすることができます。

この成長シートで自己評価を行ってもらうと、経験者であれば高く、未経験者であれば低い点数になります。つまり、面接の段階でその社員の成長度合いに見合った賃金を提示することができるということです。もっとも、実際にその社員が優秀かどうかは、

職種別・階層別成長シート

求める人物像＝職種別・階層別成長シート

	営業職	購買職	生産職	事務職
管理階層				
中堅階層				
一般階層				

成長シート

成長要素	特徴
期待成果	高い成果が上げられる人
重要業務	重要業務が遂行できる人
知識技術	知識技術を習得している人
勤務態度	勤務態度が守れる人 （※ここが重要！）

入社してから半年ほど確認する期間が必要でしょう。

一方で、この中途採用の面接時には、「入社したら我が社でどのような成果を上げられるか」という、成果ばかりが重視されています。最も大事なことは、我が社の経営理念、組織文化に合う人物かどうかです。それは採用される側にとっても大事なことでしょう。

我が社の考え方である経営理念を守るために欠かせない勤務態度が守れなければ、我が社にふさわしい社員を採用したとはいえません。なぜなら勤務態度はそれほど難しいことではないからです。学校で言われたような内容を守るのであり、守る気があるかどうかだけがポイントです。

中途採用して試用期間の半年の間に、もし、勤務態度が守れなければ、我が社の社員としてはふさわしくないということがはっきり分かります。他の知識技術や重要業務は日々の仕事の中で学ぶことができます。そしてそれらを踏まえた上で高い成果を上げることはできます。でもたった一つ、この勤務態度だけは、「社員本人に守る意思がなければ守ることはできない」という違いがあることを知らなければなりません。

採用前の面接では、採用した半年後の本採用を決める際に「勤務態度」は大事な要素になるということを、必ず説明しなければなりません。

第14章　社員を定着させる仕組み

1、事例

今、日本では政府主導で人材の流動性を高めようと推し進めています。企業間を流動する、つまり転職によって働く人の賃金を底上げする目的があるのです。

しかし、中小企業にとってはとても大変な状況になっています。

あるシステム開発会社の経営者は頭を抱えて相談に来られました。

今年新卒採用したうちの1人が、わずか半年足らずで退職することを伝えてきたそうです。それも退職する朝に、突然電話で伝えてきたのです。

諸事情により転職することは当然あるでしょう。転職する際は、会社だけでなくお世話になった人たちに迷惑をかけないよう、きちんと引き継ぎをしてから辞めるのが今までの日本の常識だったように思います。

ところが、この社員は転職をすすめられた人から「電話1本で退職することが可能だから引き継ぎなどは必要ない」と言われてその通りに行動したそうです。

経営者は心を静めながら「どうしてその会社に転職することになったのか？」と聞きました。

すると、その社員は「今の会社での年収はせいぜい３００万円程度だと思いますが、スカウトサイトに登録したところ５００万円出すという会社からスカウトが来ました。私のことをこんなに高く評価してくれるのであればという気持ちで転職を決めました」と言うのです。

経営者はその社員に対して「その５００万円は今後ずっと約束された金額ではなく、あなたの仕事の度合いによって変更になる可能性があるが本当に大丈夫か？」と尋ねたら「大丈夫です」と軽く答えて一方的に電話を切ってしまったそうです。

その経営者はせっかく一生懸命求人活動して採用した新卒社員を、いとも簡単に他社に引き抜かれてしまったことに情けないやら、腹立たしいやらという、やり場のない思いでした。そして、それ以上にやはり心配だったのは、その社員が今後どんな人生を歩むのだろうかということでした。

「この社員も当社でじっくりと一般階層で成長させ、そしていつかは仕事が十分にできるようになったら、今度は中堅階層にステップアップさせて部下を持ち、部下の指導をしてもらおう。そしてさらに成長したら、最終的には管理階層にステップアップさせて、経営者である私と一緒にこの会社を通じて世の中にもっともっと貢献する。そのように活躍してもらおうと考えていました。

当然そのステップアップに伴って賃金は上げています。当社でも中堅階層になったら500万円出せることは間違いありません。実際、中堅階層の中には500万円を支給している社員がいます。それ以上の階層、幹部クラスでは800万円、1000万円という年収になっている社員もいます。

当社は社員の物心両面の豊かさを考えていることを、社員が全く理解していなかったことは私の説明不足、そして経営者としての力量不足と思い、残念で仕方がない」と経営者は肩を落としていました。

今の時代は転職しようと考えてから行動するのではなく、軽い気持ちでスカウトサイトに登録し、今より高い年収の企業があれば転職を決めてしまうという、いわゆるお気軽転職時代になったことは間違いありません。

社員が自分の人生を考えるような教育を、企業が行わなければならない時代が来たということでしょう。

2、改善ポイント

この社員が退職した理由は簡単です。

この会社でこれから長く勤め続けた時に、どれぐらい賃金が増えるのかが全く説明されていないからです。

もっとも、経営者自身は社員が優秀になっていったら、賃金を増やすことは当然だと考えているでしょう。しかしそのことが社員には全く伝わっていません。

しばしば、社員に対して「頑張ったら賃金はどんどん増やす」ということを経営者が説明していますが、社員は誰一人として信じていません。

良い経営者であればあるほど、自分ではそのようにやってきたのだから、間違いなく社員は理解してくれているだろうと考えていますが、残念ながら、その希望は叶えられることはありません。

今、大事なことは、この会社で成長していったら賃金がいくらになるか、具体的に説明できる仕組みをつくらなければならないことです。

そのためには、賃金が上がる条件を明確にし、その条件を満たした時に賃金がいくら増えるのか、社員本人が分かるようにしなければならないのです。

特に、毎年経営目標を発表している会社があると思いますが、その経営目標を実現した時に今年の自分の昇給・賞与の金額はいくらになるか、社員が自分で分からなければなりません。

そして40年間この会社で働くと、最終的に賃金はいくらになるかということを説明できなければなりません。その説明をすることによって、社員はこの会社の業績が良く、自分が成長していった場合はどのように賃金が増えていくのか理解します。

そして経営者は社員の成長を促進するための成長シートを活用しながら、これで成長していったら自分の賃金は間違いなく増えると社員が前もって分かるようにしなければならないのです。

この会社では賃金を上げるために何をすればよいか明確になっている。そして賃金を上げられるように会社が成長を支援してくれる。これが社員の安心となります。

賃金は社員のモチベーションアップに利用してはいけません。最終的には日本では欧米と違って全社員に管理階層まで成長してもらいたいと考えています。その成長過程の結果として賃金が増えていくのであり、賃金をたくさんもらうために管理階層に行くのではなく、経営者と一緒になって世の中に貢献する、その成長した結果として賃金が増えるという説明ができるような会社にしなければなりません。

この制度さえあれば、社員は他社の高い賃金に目を奪われて転職を決めることはありません。教育することで社員は簡単に転職せず、引き留めることができるようになります。

これができなければ、社員が他社から高い賃金を提示されて転職してしまう可能性があると大きな心配・危惧を持つことになるでしょう。

3、具体的な解決方法

私が申し上げる「採用三種の神器」を活用する必要があります。

この採用三種の神器とは**「3成長階層の成長シート」「ステップアップ基準」「モデル賃金」**を指します。

「3成長階層の成長シート」は、日本の企業が考えている社員の成長階層（一般階層、中堅階層、管理階層）を、社員の成長のゴールとして「成長シート」にまとめることです。

成長シートとしてまとめることによって、社員は自分の成長度合いが具体的に分かります。

さらに、成長シートは各職種、各階層で優秀な社員をモデルに作成します。そのため、社員はどうすれば自分は優秀な社員に成長できるのか、成長シートを見れば事前に分かるようになります。

そして、この一般階層、中堅階層、管理階層とステップアップするための明確な基準を設定しなければなりません。

例えば、一般階層の成長シートで成長点数が何点取れたら次の中堅階層に行けるか、前もって一般階層の社員に分かるようにしなければなりません。仮にその次の階層に行くために必要な点数（卒業点数）が80点だとすれば、80点取れば全社員が中堅階層に行けることになります。成長点数は社員一人一人確認する「絶対評価」のため、一般階層で入社した社員は、いつかは全員中堅階層にステップアップすることができます。

そして中堅階層にステップアップし、中堅階層の成長シートで卒業点数を取れたら、次は管理階層にステップアップします。このことが分かれば、社員は管理階層になるため、事前に成長の長期計画を立てることができます。

この計画を立てることができるよう**「ステップアップ基準」**を決めることで、社員はこの会社で成長した先のイメージを持つことができます。これはライフプランを設計する上でもとても重要な要素となるでしょう。

そしてその社員が一般・中堅・管理階層と成長し、会社の業績がいいことを前提に、入社してから40年間の賃金がいくらか増えるのか、社員自身が計画できるようにしなければなりません。これを**「モデル賃金」**と言います。

通常は会社側がモデル賃金を提示することが一般的ですが、あくまで一人の社員を例として作成されているため、すべて社員に当てはまるものではありません。

社員によって成長するスピードが違います。そのために、モデル賃金を自分で設計できるようにすることで、早く成長したい社員、またはゆっくり成長したい社員と、賃金の増え方の違いが前もって分かるようになります。

賃金が増えなければ、当然豊かな生活はできないと誰しも分かっています。

そこで、自分の成長するスピードによって賃金が違ってくると分かることはとても重要です。そしてこの賃金の違いを社員は明確に分かっているかというと、残念ながら日本人はその賃金感覚が弱いと言わざるを得ないでしょう。

そのため、会社とすれば年に1回は社員と賃金に関する面談をする必要があるでしょう。

採用三種の神器

1. 3成長階層の成長シート
2. ステップアップ基準
3. モデル賃金

1. 3成長階層の成長シート　　2. ステップアップ基準

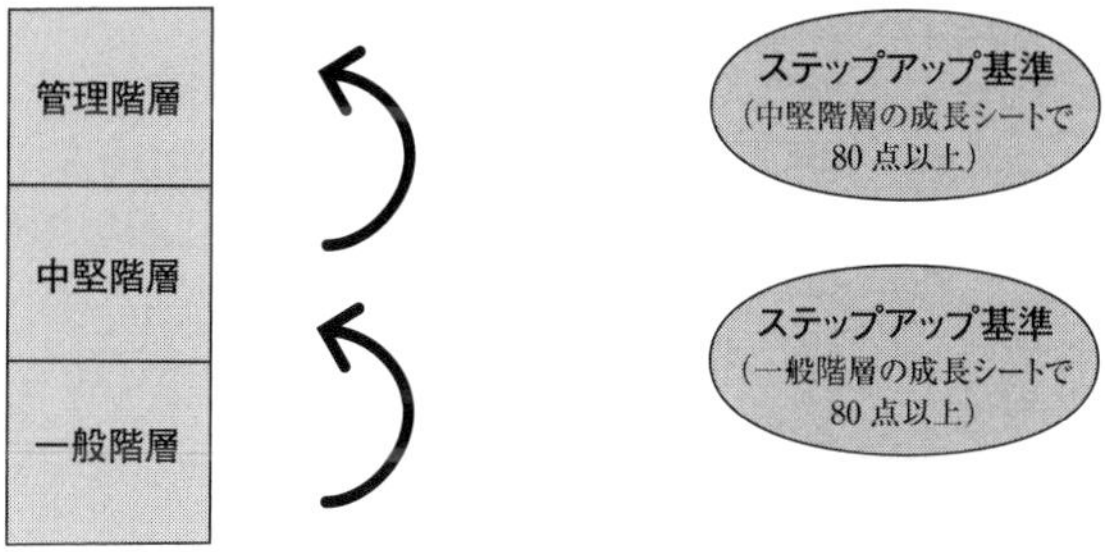

3. モデル賃金（大卒・総合職）

勤務年数	対象年齢	等級	号俸	基本給			諸手当			合計
				年齢給	勤続給	成長給	役職手当	家族手当	住宅手当	
0	22	1	1	100,000	0	120,000			5,000	225,000
1	23	1	4	104,000	500	120,900			5,000	230,400
2	24	2	1	107,000	1,000	121,800			5,000	234,800
3	25	2	4	110,000	1,500	123,000			5,000	239,500
4	26	3	1	113,000	2,000	124,200			5,000	244,200
5	27	3	4	116,000	2,500	125,700	10,000		5,000	259,200
6	28	3	7	119,000	3,000	127,200	10,000	5,000	10,000	274,200
7	29	4	1	121,000	3,500	128,700	10,000	5,000	10,000	278,200
8	30	4	4	123,000	4,000	131,700	10,000	8,000	10,000	286,700
9	31	4	7	125,000	4,500	134,700	20,000	8,000	10,000	302,200
10	32	4	10	127,000	5,000	137,700	20,000	10,000	10,000	309,700
11	33	5	1	129,000	5,500	140,700	20,000	10,000	10,000	315,200
12	34	5	4	130,000	6,000	144,000	20,000	10,000	10,000	320,000
13	35	5	7	131,000	6,500	147,300	30,000	10,000	10,000	334,800
14	36	5	10	132,000	7,000	150,600	30,000	10,000	10,000	339,600
15	37	6	1	133,000	7,500	153,900	30,000	10,000	10,000	344,400
16	38	6	4	134,000	8,000	157,500	30,000	10,000	10,000	349,500
17	39	6	7	134,000	8,500	161,100	50,000	10,000	10,000	373,600
18	40	6	10	134,000	9,000	164,700	50,000	10,000	10,000	377,700
19	41	7	1	134,000	9,500	168,300	50,000	10,000	10,000	381,800
20	42	7	4	134,000	10,000	175,500	50,000	10,000	10,000	389,500
21	43	7	7	134,000	10,500	182,700	50,000	10,000	10,000	397,200
22	44	7	10	134,000	11,000	189,900	60,000	10,000	10,000	414,900
23	45	7	13	134,000	11,500	197,100	60,000	10,000	10,000	422,600
24	46	8	1	134,000	12,000	204,300	60,000	10,000	10,000	430,300
25	47	8	4	134,000	12,000	211,800	60,000	10,000	10,000	437,800
26	48	8	7	134,000	12,000	219,300	60,000	10,000	10,000	445,300
27	49	8	10	134,000	12,000	226,800	100,000	10,000	10,000	492,800
28	50	8	13	134,000	12,000	224,300	100,000	10,000	10,000	490,300
29	51	9	1	134,000	12,000	241,800	100,000	10,000	10,000	507,800
30	52	9	4	134,000	12,000	249,600	100,000	10,000	10,000	515,600
31	53	9	7	134,000	12,000	257,400	100,000	7,000	10,000	520,400
32	54	9	10	134,000	12,000	265,200	100,000	7,000	10,000	528,200
33	55	9	13	134,000	12,000	273,000	100,000	5,000	10,000	534,000
34	56	9	16	134,000	12,000	280,800	100,000	5,000	10,000	541,800
35	57	9	19	134,000	12,000	288,600	100,000	5,000	10,000	549,600
36	58	9	22	134,000	12,000	296,400	100,000	5,000	10,000	557,400
37	59	9	25	134,000	12,000	304,200	100,000	5,000	10,000	565,200
38	60	9	28	134,000	12,000	312,000	100,000	0	10,000	568,000
39	61	9	31	134,000	12,000	319,800	100,000	0	10,000	575,800
40	62	9	34	134,000	12,000	327,600	100,000	0	10,000	583,600
41	63	9	37	134,000	12,000	335,400	100,000	0	10,000	591,400
42	64	9	40	134,000	12,000	343,200	100,000	0	10,000	599,200
43	65	9	43	134,000	12,000	351,000	100,000	0	10,000	607,000

例えば、自分のライフプランを立てる上で、結婚や子育てだけでなく、車の購入や家を建てるといったさまざまな可能性に対して、どれほど経済的負担が必要なのか、ほとんどの社員は理解していません。

これからはそのライフプランに合わせて自分の収入はいくら増やせるのか、モデル賃金で判断できるようにする必要があります。それはこの会社でどのように成長していけばいいのかを示す成長シートとステップアップ基準と合わせることで賃金がどのように増えていくのかが分かります。

その人生設計をしながら今年1年間はどう成長して昇給・賞与をいくら増やすか社員自身で考えなければなりません。それは結果として賃金を増やすことにつながりますが、そのために自分は今年1年間どう成長するか、社員は毎年考えるようになるのです。

これほど社員の人生を具体的にアドバイスできる会社は、ほとんどないと言えるでしょう。

この仕組みがなければ、常に高い賃金を出さなければ社員が定着しない会社になります。単に採用時に高い賃金を出す会社と、社員が成長することで賃金が高くなる会社。どちらがいいか、既に答えは出ているでしょう。

コラム
7 この仕組みは小さく生んで大きく育てる

私のメールマガジンを読んでいるH社長から「成長塾を検討しているが、現在の問題点を明らかにしてから受講したい」という相談があり、個別コンサルティングをすることになりました。

コンサルティング当日は、H社長とH副社長のお二人が弊社に来社されました。このH社長は、地元で知らない人はいないほど大規模な学習塾を営んでいました。

H社長が小脇に抱えていた「人事制度マニュアル」という、厚さ5㎝以上はあるマニュアルを私の前にドカンと置きました。そして「私たちはこのマニュアルに従って人事制度を運用しています。しかし、うまくいっているとはとても思えません。かなり高額なコンサルティング費用を払いましたので、それだけの効果はあると思っていましたが、どうも効果を感じないのです」

そこで私はこの人事制度マニュアルを開き、そこに書かれているものを見ながら不明な点がいくつかあったので尋ねました。

「この部分はどうしてこのような内容になっているのですか？」

その質問に対して、H社長とH副社長は一

緒にそのページを見ながら「よく分かりません」と答えました。

「どうしてお二人が分からないことがここに書いてあるのですか?」とさらにお尋ねすると、H社長がH副社長に、

「どうしてこうなっているのか!」

と聞きましたが、H副社長も、

「私はこんなことを言った覚えはありません!」と答えました。

このような質問を2、3回繰り返した後に、お二人にこのように申し上げました。

「残念ですが、このマニュアルはどこかの学習塾の人事制度のコピーでしょう。内容は確かに素晴らしいと言えます。しかし、それはコピー元の会社では有効ですが、御社で使えることは全くありません」

「人事制度は経営者の想いを形にします。ですから、経営者が自分で説明できるのです。今お尋ねしたことが答えられなければ、内容が全く分からない人事制度を導入したことになります。これでは社員からの質問にも答えることはできないでしょう。それでは社員も自分たちの成長のために導入されたとは思えません。そこに大きな問題があります」

「これからつくる人事制度は経営者がやってきた、評価と賃金の決め方を可視化しますので、難しい内容には決してなりません。しかし、地元でナンバーワンの学習塾であれば、今後は全国展開していく可能性も十分あるでしょう。そのとき、今回つくった人事制度はさらにボリュームが大きくなっていきます。人事制度は他の仕組みと同じように小さくつくって大きく育てていきます。ただし、すべて経営者本人が説明できる人事制度であることがとても大事です」

この話を聞いたH社長は、その後成長塾を

受講し、最初に見せてもらったこの分厚いマニュアルよりもはるかに簡単で、それでいて有効な人事制度をつくりました。

そのときのH副社長の一言は次の通りでした。

「とっても分かりやすいです！」

これはこの会社での評価と賃金の決め方が完全に可視化されたからです。社員を成長させるためのとても有効なツールとなるでしょう。

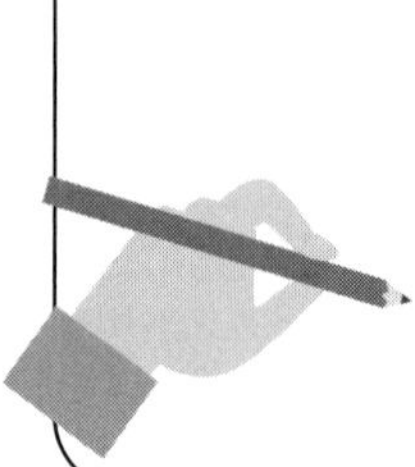

第15章　賞与の支給後に社員が辞めない仕組み

1、事例

私の前勤務先では7月や11月になると、求人折り込みチラシを発行している広告代理店の営業社員から連絡が多くありました。

当時は4社とお付き合いしていたため、4社から一斉に電話がかかってきます。しかし、話の内容は全く同じで、広告を催促する連絡でした。

「賞与の支給時期になると辞める社員が増えますので、採用したいと考えているのであれば、この時期に求人広告を出しましょう！」

「そうだ、採用するのであれば今がチャンスだ！」とは思いますが、それと同時にやりきれない気持ちにもなります。実は、前勤務先でも賞与を支給した後に社員が辞めた経験があったからです。

どうして社員は賞与を支給した後に辞めるのでしょうか。それは支給された賞与の金額に納得できないからです。

賞与支給日に「金額に納得できない！」と社長に詰め寄る社員もいましたが、社長はいつも同じ対応をしていました。

「不平不満を言うよりも、まずは自分の仕事をしっかりやりなさい。もともと、君には評価以上の賃金を支給しているので、今まで以上に頑張ってもらえないと賞与をたくさん支給することはできない」

成果の高い真面目で優秀な社員ほど、賞与に関して不平不満を言ってくることはないと社長は思っていました。

しかし、優秀な社員は賞与に対して不平不満がなのではなく、賞与に納得できなければその本音の理由を隠して、建前の理由を述べて辞めていたのです。

つまり、賞与に対して納得できない、自分の思った通りの金額ではなかったから、もうこの会社で働き続けても先はないと、多くの社員が諦めて辞めていたのです。

そのことに気付いた社長は「社員が不平不満を抱えたまま別の理由を言って辞めてしまうのはとても残念だ。正直者がバカを見ないような会社にしたい」と口癖のように言っていました。

社員は、賞与が支給される前に「自分はこれだけ頑張っていたのだから、賞与も昨年と比べて大体これくらい高くなるだろう」と、その金額を予想しています。

ところが、実際に支給された賞与の金額は予想よりも低く「この会社では正当に評価されないから辞めよう」となるのでしょう。果たして本当にそうでしょうか。

実際、すべての経営者は社員が成長したらたくさんの昇給・賞与を支給してきたと思います。しかし、昇給・賞与を決めるのは会社の業績が最も重要であり、社員が成長していても業績が良くなければ、昨年よりも金額が下がることはあるのです。

それは高い成果を上げている優秀な社員も同様です。自分は昨年よりも高い成果を上げたからたくさん賞与をもらえると思いがちですが、賞与は会社全体の業績から賞与原資（社員の賞与の合計金額）を算出してから配分します。

そのため、一人の社員が昨年よりも高い成果を上げたからといって、その社員だけ賞与が高くなることはまずあり得ません。

このことを分かっていない社員に、どうすれば賞与が増えるのか、仕組みとして説明しなければならないのです。

社員の賞与は成果の大きさだけで決まることはないのです。

昨年より頑張って成長したことは評価されるべきですが、昇給・賞与の金額は会社の業績によって合計金額を算出し、社員に配分すると事前に説明しなければなりません。

昇給・賞与を支給する日の朝になってから説明するのでは遅すぎます。支給金額が前回より下がったとき支給する当日の朝に「業績が悪いので支給額が減った」と説明されると、社員からすれば経営者の言い訳のように聞こえてしまうのです。これではこの会社で安心して成長することはできません。必ず事前に説明し、事業年度のスタート段階で理解させることがとても重要です。

経営者は社員に昇給・賞与をたくさん出してあげたいと思っているのにもかかわらず、社員が賃金に納得できず会社を辞めたとすれば、それは誤解をして退職したということになります。これは最も残念な結果です。これを私は「誤解退職」と名付けました。

そうならないためにも、この昇給・賞与がどのようなときに増え、どのようなときに減るか事前に説明できる会社にすることが重要です。

2、改善ポイント

昇給・賞与がいくらになるか、それを具体的な金額で説明できる仕組みが人事制度です。しかし、単純に人事制度を導入すれば社員は辞めないようになるかというと、そうではありません。

退職する多くの社員は、本音を口に出さずに辞めていきます。その本音とは「評価と賃金に納得できない」ことです。普段から、この本音をなかなか口にすることはできないでしょう。

そのため、社員のこの評価や賃金に対する不平不満を、どんどん会社に申し立ててもらうことがポイントです。

「会社がつくった人事制度に対して、社員に不平不満を言わせるなんて問題になるのではないか」と思われる経営者は多いかもしれません。しかし、一度冷静になって考えてもらいたいのです。

確かに会社がつくった人事制度で評価を決め、そしてその評価に基づいて賃金を決めることは間違いないでしょう。

しかし、その評価に納得できなければ、今以上に頑張って成果を出そうとは思わないでしょう。また、昇給・賞与の金額がどれほど高かったとしても、評価に納得できなければ、賃金についても納得することはないでしょう。つまり、評価と賃金の両方とも納得できるものでなければ、社員の不平不満はなくならないのです。

多くの経営者は「社員が成長することで昇給・賞与を増やせる」と思っているでしょう。そのために人事制度で社員を評価して成長を支援し、その成長に合わせて賃金を決めているのです。

しかし、このことを信じていない社員が「評価や賃金に納得できない」と不平不満や質問をしてくるでしょう。

人事制度があれば、その社員に対して「社員の成長を支援するために人事制度があり、成長することによって昇給・賞与が増える」ということを、しっかりと仕組みとして説明することができます。これにより、多くの不平不満は解消されます。

不平不満が解消した社員は現場に戻り、周りの社員に対して次のように発言するでしょう。

「この会社は社員を成長させようと考えている。そして成長した暁には賃金を増やそうとしている」

その話を経営者ではなく同じ社員から聞くことによって、他の社員は納得できるでしょう。

3、具体的な解決策

社員が納得するよう、昇給・賞与の決め方を仕組みにして可視化する必要があります。昇給・賞与を決めるのはとても難しいと思っている経営者が多いようです。それは全くの誤解です。人事制度や賃金制度について全く知らない経営者であったとしても、毎年昇給・賞与を決めていることは事実です。

多くの場合、昇給・賞与について悩まれている経営者に「今までどのように決めてきましたか?」とお尋ねすると、申し訳なさそうに「勘です」と答えられます。まるで勘で決めることは問題があるというような顔をされますが、私はその経営者に「自信を持ってください」とお話しします。勘で決めてきた金額が間違っていないからこそ、事業が存続しているのです。

しかしこれからは、今までの勘で決めてきた金額に基づいて、昇給・賞与を決める仕組みをつくる必要があります。そうしなければ、経営者が決めた金額に社員は納得できず、退職の道を選んでしまうのです。

昇給・賞与を決めるときに経営者がまず考えることは業績でしょう。会社の業績のいいときは昇給・賞与が増えます。会社の業績が悪いときには昇給・賞与は減ります。これはすべての会社に共通することです。

その上で、経営者が最初に仮定した「業績がこれぐらいのとき」を前提とした金額を、前もって社員に明示することが必要なのです。

例えば、昇給を決めるときには「昇給予定表」というものを作成してもらいます。これは業績を5つのパターンに分け、その上で社員の成長度合いによって昇給金額がそれぞれいくらになるか前もって示す表です。

この表を活用するためには、併せて社員の評価をフィードバックすることが必要です。社員は、自身が成長したときにどれほど昇給するのか、そして業績がいいときと悪いときでどれほど金額が異なるのか、昇給予定表を見ることで分かります。

また、賞与に関しては経営者によって基本給をベースに決める経営者と、基本給は全く考慮せずに賞与を決める経営者がいます。どちらのパターンであったとしても、会社の業績は賞与に大きな影響を与えていることは間違いありません。つまり、賞与の合計額である「賞与原資」は業績に連動しているのです。

初めて会社の賞与原資を計算するときには、まず過去の業績と賞与額を振り返ります。例えば、粗利益を夏と冬の賞与支給金額の合計で割ると、粗利益の内の何パーセントを賞与として支給してきたのかが分かります。

多くの経営者はそれを見て驚きます。今まで勘で決めてきたと思っていたのに、業績と賞与の割合が一定のパーセンテージになっているからです。過去数年間のデータで賞与の割合が一定となる業績があるはずです。これからはこの割合で賞与原資を計算すると社員に説明することです。

例えば粗利益の3パーセントを夏と冬の賞与として支給していたとすれば、今期の経営目標の粗利益に3パーセントをかけて、賞与原資として発表するとどうでしょうか。社員は経営目標を達成すれば賞与原資がいくらになるか、前もって分かります。

万が一、その経営目標から金額を減らした粗利益に同じ3パーセントをかけたら、賞与原資がどれほど減るか、また、逆に経営目標以上に粗利益が増えた場合にどれほど賞与原資が増えるか分かるでしょう。

この賞与原資を計算する業績を発表する度に、全社員が一喜一憂します。そして全く同じことを言うでしょう。

「みんなで協力しあい、教え合って会社の業績を高めましょう」

その発言を事業年度の最初に聞けるようになってほしいのです。

そして、人事制度があれば、社員の成長によって賞与がどう変動するかということも前もって説明することができます。

今まで決めてきたことを前提にすれば、その仕組みをつくることは決して難しいことではありません。それを社員に示したら、まずは会社の業績を高める必要があると全社員が考えるでしょう。そして昇給・賞与の金額が違うのは相対評価ではなく、社員の成長によって異なることも分かるでしょう。

社員によって昇給・賞与の金額は違うでしょう。しかし、その金額の違いは差をつけたのではなく、社員の成長によって違うことをこれからは社員に1年前に示すことができるようになります。

例えば、成長シートの成長点数で賞与を決めるとすれば、成長点数が20点の社員と40点の社員と60点、80点の社員は賞与の金額が違うことが前もって分かります。

このことを毎年、事業年度の最初に発表している会社は賞与支給日に社員が一喜一憂することはありません。社員同士で見せ合うこともありません。事前に自身の昇給・賞与の金額を把握できるからです。

これらを人事制度として仕組みにすることによって、賞与支給日に社員が辞めることはなくなります。昇給日にも社員が辞めることはなくなるのです。

高い昇給・賞与を全社員に出してあげたいという気持ちに嘘偽りはないと思います。ただ、会社の業績と社員の成長度合いによって金額は異なってくるのです。このことを前もって社員が知ることで、経営そのものに関心を持ち、「社員が成長して業績が向上し、昇給・賞与を増やしたい」という経営者と全く同じ気持ちで仕事をするようになります。これは社員の最も大切な成長と私は考えています。

おわりに

45年前に小さな魚屋に入社してから、私と人事制度との関わりが始まりました。この小さな魚屋は後に上場するほど成長しましたが、その理由は人事制度を自社内で構築し、運用したことにあります。

入社してから16年の間に、２００社以上の経営者にこの人事制度を紹介してきました。相談に来られた経営者は全員、人事制度のつくり方を間違えていました。しかし、全員が社員を大切にする経営者だったのです。

この素晴らしい経営者たちが、間違った人事制度のつくり方をして経営に悪い影響を与えていることに我慢ができず、私は独立の道を選びました。

独立後は人事制度のつくり方のコンサルティングを始めました。「社員が成長し業績を向上させるのが人事制度である」と、当時始めたメールマガジンでもタイトルにして訴え続けましたが、コンサルティング業界では大いに笑われたものです。人事制度で社員が成長して、さらに業績が向上するなんて、当時は誰も考えていなかったのです。
しかし独立して30年、コンサルティング業界もずいぶんと変わりました。隔世の感があります。今、「人事制度」と検索すると、「社員が成長する」「業績が向上する」と、誰もが同じことを言うようになりました。

とはいえ、ただ単純に人事制度をつくればそのような効果を得られるわけではありません。この効果を得るためには、人事制度を正しいつくり方で構築する必要があります。それは、経営者の評価と賃金の決め方を可視化してつくることです。

もともと、中小企業の経営者の社員の評価と賃金は一致しています。つまり、社員の成長に合わせて賃金を上げているのです。ただ、その経営者の想いを社員は誰一人理解していませんので、今まで経営者がしてきた評価と賃金の決め方を可視化して、社員に分かるようにしなければなりません。それが世界に一つだけの人事制度になります。

その人事制度を見た社員は、とても良い会社に入社したことを初めて知るでしょう。そこから社員の飛躍的な成長が始まります。

毎年賃金が継続して上がる時代が始まりました。この人事制度を構築し、社員を成長させて賃金を上げられる会社になってください。

社員を物心両面で豊かにできる会社はこれからの日本に必要です。この書籍を読まれている経営者・経営幹部の皆様の企業が、ますます成長発展されることを心より祈念申し上げます。

株式会社ENTOETO
代表取締役　**松本順市**

〈著者紹介〉
松本　順市（まつもと　じゅんいち）

ダントツ日本一の指導実績を誇る、注目の人事コンサルタント。

大学3年生のとき、当時3店舗しかなかった街の鮮魚店「魚力」にアルバイトとして入社、社長の参謀役として社長室に勤務する。3年後に大卒1号の正社員となり、当時、残業が多く社員の定着率が悪かった同社の労働環境改善に取り組む。

いわゆる「5K（きつい・危険・汚い・休日が少ない・給料が安い）」といわれる鮮魚小売業界にて、生産性を上げながら、業界初のサービス残業ゼロ、完全週休2日制を実現。

社員とともに構築した〈社員の成長を支援する人事制度〉が原動力となって、16年後には年商3億円から175億円へ、労働分配率67%から37%へと成長し、業界一の高収益企業となる。その後、東証二部（現在は東証プライム）に上場。

1993年、人事コンサルタントとして独立。株式会社ENTOENTO代表取締役。

現在、中堅・中小企業に正しい人事制度を広めるために全国を飛び回っている。過去20年間の支援実績数1374社（2023年8月31日現在）、構築成功率99.6%、導入各社の実績向上に貢献している。

1956年福島県生まれ。中央大学大学院中退。

主な著書に、『「即戦力」に頼る会社は必ずダメになる』（幻冬舎）『上司はなぜ部下が辞めるまで気づかないのか？』（ナナ・コーポレート・コミュニケーション）『成果主義人事制度をつくる』（鳥影社）『社員が成長し業績が向上する人事制度』（日本経営合理化協会出版局）『1300社が導入した日本型ジョブディスクリプション』（日経BP）ほか。

日本で一番「早く」「簡単に」
「エンドレスで」業績を上げる人事制度

2023年10月17日初版第1刷発行
著　者　松本順市
編集協力　白倉純子 半田達也
発行者　百瀬精一
発行所　鳥影社 (choeisha.com)
〒160-0023 東京都新宿区西新宿3-5-12トーカン新宿7F
電話 03-5948-6470, FAX 0120-586-771
〒392-0012 長野県諏訪市四賀229-1（本社・編集室）
電話 0266-53-2903, FAX 0266-58-6771
印刷・製本　モリモト印刷

ISBN978-4-86782-049-0 C0034